Damit Erinnerungen bestehen bleiben.

Wilhelm Meyerhoff

Soltau

Stadt – Land – Fluß

Berichte und Geschichten
von
Gestern und Heute

© 2018 Wilhelm Meyerhoff

Umschlag, Illustration: Wilhelm Meyerhoff
Übersetzung (*Über die Heide nach Hamburg*): Wilhelm Meyerhoff
Mitwirkender: Heinrich Meyerhoff (* 1914; † 2005)
Rechtschreibung: traditionell

Verlag & Druck: tradition GmbH, Hamburg

ISBN
Paperback   978-3-7469-4632-0
Hardcover   978-3-7469-4633-7
eBook   978-3-7469-4634-4

Inhaltsverzeichnis

Vorwort

Wenn man Eltern, Verwandte, Freunde und Bekannte hat, die aus demselben Heimatort stammen, in dem man aufgewachsen ist, erfährt man im Laufe der Jahre vieles, was diesen Ort ausmacht, was ihn so gemacht hat, wie er sich heute zeigt, was in der Vergangenheit war und an Ereignissen passiert ist.

1952 in Soltau geboren und in der Rosenstraße aufgewachsen, begann der Verfasser deshalb bereits als Schuljunge, den Erzählungen seiner Eltern, deren vielen Verwandten und Bekannten zu lauschen. Mit den Jahren wurden die Interessen an der eigenen Herkunft und Vergangenheit größer. Der Autor interessierte sich für die Vorfahren, deren Lebensumstände und den gesellschaftlichen Umfeldern. Eng damit verknüpft wurden die geographischen und örtlichen Gegebenheiten in die Betrachtungen einbezogen. So ergaben sich oft Erkenntnisse, die es lohnten, gemeinsam betrachtet und aufgezeichnet zu werden.

Nach Schule, Lehre, Militärdienst und Studium verlagerten sich die Lebensmittelpunkte in andere Orte Deutschlands. Trotzdem riß der Kontakt in die Heide nicht ab. Aufmerksam wurde weiterverfolgt, was dort vor sich ging.

Schriftliches, das von ihren Bürgern zur Stadt und deren Geschichte verfaßt wurde, früher und heute, ergänzte den Kenntnisstand. Bücher zur Lokal- und Regionalgeschichte, Aufsätze in der örtlichen Zeitung oder Abhandlungen zu Einzelthemen trugen zur Vervollständigung des Wissens über Soltau und die Region bei.

Die hier vorgelegte Sammlung von Texten und Abbildungen soll dazu dienen, weitere Themen und Geschichten im vorbeschriebenen Zusammenhang zu erfassen und in zwangloser Weise darzustellen.

Der Verfasser hofft, daß die Aussagen dieses Buches den Leserinnen und Lesern neue und interessante Einblicke geben und ein entsprechendes Lesevergnügen bereiten werden.

Wilhelm Meyerhoff   *Bremen, im Oktober 2018*

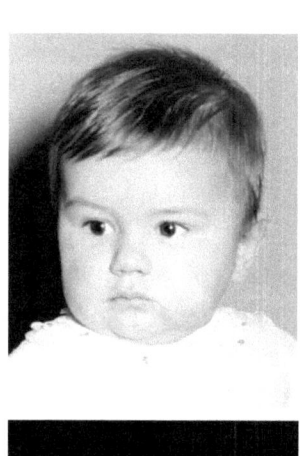

Wilhelm Meyerhoff
Jahrgang 1952

Erinnerungen

Kindheit und Spaziergänge auf Soltauer Wegen

I rgendwann kommt man offenbar in ein Alter, in dem die eigene Kindheit mit Nostalgie und einer gewissen Wehmut betrachtet wird. Vor allem, wenn man lange Zeit nicht in seiner Heimatstadt gewohnt hat und diese bei jeder Rückkehr mit ihren Veränderungen oder eben dem Unveränderten neu erfährt. Es besteht für in die Ferne Gezogene wohl ein besonderer Drang, die alte Heimat in ihren Details wieder zu erkunden. Dabei lassen sich der Vergleich mit der Vergangenheit und die damit verbundenen Gedanken nicht vermeiden.

Bild 1   Postkarte 1952: Der Eingang zum Böhmewald an der Kurve Bornemannstraße – Mühlenweg. Statt des Weges zum früheren Sportplatz befindet sich heute dort der „Rhododendronpark" vor der Soltau-Therme. Rechts lud schon damals die sogenannte Grotte zum Verweilen ein. Heute fehlt die Sitzbank.

Bild 2 Der Kaffeegarten der Gaststätte „Zum Neuen Hause" mit seiner Tanzfläche. Dieses Ensemble verschwand durch den Brand der Lokalität im Oktober 2003 und wurde inzwischen mit Wohnhäusern bebaut.

Im Leben des Verfassers hat es einmal eine Zeit gegeben, in der er jeden Sonntagnachmittag mit seinen Eltern den obligatorischen Spaziergang absolvieren mußte. Das war früher so üblich, da gab es keine Diskussion. Auch wenn andere Kinder unserer Straße an diesem Tag zusammen spielen durften, mir war es strikt verboten. Begründung: Die anderen wollen auch ihre Ruhe haben. Nun gut. Wie so oft im Leben hat es nicht geschadet. Im Gegenteil, heute verbinde ich schöne Erinnerungen mit jenen Sonntagen und den dann gegenüber Schultagen doch andersgearteten, meist ruhigeren Beschäftigungen.

Wir machten uns vorwiegend in den Böhmewald auf. Der entferntere Kuhbach oder der Weg an der Böhme entlang, bis nach Tetendorf, standen oft auf dem Sonntagsprogramm. Ein Haupteindruck, der aus jenen Tagen von diesen Spaziergängen haftenblieb, ist das Grün der Natur, das die Wege säumte und das heute noch zum Bild Soltaus gehört.

Zum Kaffeetrinken kehrten wir natürlich regelmäßig ein. Damals schon konnte man im Garten des früheren Gasthauses „Zum Neuen Hause" an der Harburger Straße, kurz vor Einfrielingen, bei gutem Wetter im Freien sitzen. Meine Erinnerung an eine betonierte Fläche in der Mitte der Anlage ist noch lebendig. Meine Eltern schwärmten immer: „Hier haben wir früher ausgiebig getanzt!" Allerdings konzentrierte ich mich mehr auf eine bekannte Orangenlimonade mit rotem Punkt, die ich dort regelmäßig bekam.

Nachdem auch Tetendorf sein bekanntes Gasthaus und damit einen großen Teil seiner Ausflugsattraktivität vor einigen Jahren eingebüßt hat, gibt es im alten Stadtgebiet und seiner direkten Umgebung keine typischen Gartenlokale mehr, die unter hohen Eichen, Buchen oder Linden den sommerlichen Besucher zur erfrischenden Rast einladen.[1]

Das Neue Haus konnte immer über drei verschiedene Spazierwege angesteuert werden. Die Route mit dem meisten Grün führte uns durch den Böhmewald, am Freibad und an Schütten Peters Fischteichen vorbei und kurz vor Einfrielingen über die Böhme-Brücke. Dieses Bauwerk besitzt in der Erinnerung vieler Soltauer Jungen einen besonderen Stellenwert als Zieleinlauf. In kalten, schneereichen Wintern, mit richtiger Mannschaft besetzt, erreichte sie ein guter Bob gerade noch. Vorausgesetzt, man konnte vorher mit einem Affenzahn die vereiste Rodelbahn hinunterdonnern.

Ein anderer Weg führte uns oft durch die Hübeeten. Hinter dem Autohaus Mielmann an der Harburger Straße entlang, gefolgt von einem alten Kiefernbestand, passierten wir den Steiluferbereich der Böhme, genau gegenüber den erwähnten Fischteichen. Kurz dahinter konnte man sich, gerade bevor die oben beschriebene Brücke in Sicht kam, wunderbar die Schuhe in einer Matschpassage, die ein

---

[1] Siehe Bild 135.

Bild 3   Drei Freunde fürs Spielen: Kurzbe-
host traf sich der Verfasser 1958 mit seinen
Spielkameraden Friedhelm Lühmann
(links) und Jörg Schwerinski (rechts) in der
Rosenstraße, um das Klöterige End oder
den Böhmewald unsicher zu machen.

Die beiden anderen Freunde der Mini-
Gang, Günter Nitschke aus der Scheiben-
straße und Wolfgang Burmester, Bäckers-
sohn aus der Rosenstraße, waren wohl ge-
rade anderweitig unterwegs.

querender Wassergraben nie austrocknen ließ, verschmutzen. Zur Böhme hin verschwand der Wasserlauf durch ein Gestrüpp aus undurchdringlichen und teils stacheligen Sträuchern. In meiner Erinnerung blieb die ganze Szene als urwaldartig haften.

Die dritte Möglichkeit brachte uns von der anderen, westlichen Seite heran. Wir zogen die Carl-Peters-Straße hoch (heute Zum Ahlftener Flatt), die mir kleinem Mitbürger so unendlich lang vorkam. Mit ungezählten Schritten wanderten wir am damals noch aus Holz gebauten Gebäude des Wasserwerkes (ab 1960) und an Schütten Busch vorbei, manchmal zum noch weiter entfernt liegenden Ahlftener Flatt. In großem Bogen erreichten wir dann Einfrielingen. An diesem Weg hat sich, bis auf das Wasserwerk und ein paar neue Häuser, noch nicht viel geändert.

Mit der doppelten Schrittweite, die man heute als Erwachsener draufhat, ist man in Kleinstädten innerhalb kürzester Zeit an jedem Punkt des Ortes. Sollte tatsächlich einmal eine halbe Stunde herauskommen, na und? Man sieht dann wenigstens etwas vom Städtchen, was vor allem für Rückkehrer angenehm ist, die länger in der Fremde waren und die ihre Heimat neu erforschen wollen.

Nicht nur die Brause mit dem roten Punkt blieb im Gedächtnis haften. Als ich eines Tages selbst dran war, mit meinen eigenen Kindern spazierenzugehen, setzte das Gedächtnis doch wieder viel an Erinnerungen frei, die man verdrängt geglaubt hatte. Zu vielen Gegenden der näheren Soltauer Umgebung kamen allerlei Anekdoten zurück in die Gedankenwelt. Wo man den ersten Sauerampfer probiert hatte, wo die Wiese zu hoch bewachsen war und der Boden zu sumpfig erschien, als daß die Erforschung hätte gewagt werden können. Wo vermeintlich Gnome und Zwerge unter Büschen hockten, um jemanden zu erschrecken und wo Fische zu beobachten waren, denen man – wenn man erst einmal groß sei – mit Taucherausrüstung und Harpune zu Leibe rücken wollte.

Vergessen sind nicht die frühen Abende im Oktober, wenn es mit der Laterne losging. Heute sieht man die Kinder ja in der Stadt wandeln, die eine Hand an der Laterne, die andere an der Mutter. Uns Kindern ging es damals ähnlich, nur führte der Weg beliebterweise oft durch den um diese Zeit schon recht dunklen Böhmewald. Die Gruppe bestand meistens aus mehreren Freunden und einem Erwachsenen. Ich erinnere mich noch gut daran, daß wir einmal bezüglich dieser Begleitperson äußerst dankbar waren. Hatte es doch kurz vorher eine derart realistische Kasperlevorstellung gegeben, daß wir fürchteten, alle verfügbaren Ungeheuer der Puppenwelt im Wald wiederzutreffen! Die Disziplin war also hervorragend, von kleinen Strolchen keine Spur.

Wuchs man auf der einen Seite der Stadt auf, gehörte die andere lange Jahre zur unerreichbaren Ferne. So war es auch für uns Kinder vom Klöterigen End, der Gegend um die Mühlen-, Rosen- und Scheibenstraße. Richtig lernten wir die entfernteren Gegenden erst kennen, als wir die Fahrräder beherrschen konnten und die Eltern nicht jedesmal dabei waren. Aber auch das war ein länger andauernder Prozeß, der nicht ohne Blessuren ablief. Irgendwann waren unsere Umfallraten auf erträgliche Maße gesunken. Wir fuhren dann häufig in den Kuhbach oder zur Grundlosen Kuhle, oder in den damals so riesig erscheinenden Wald hinter der Hamburger

Bild 4   Bei Soltau gab es 1960 noch schöne Heidepartien, wie hier in den Weyer (Tiegener) Bergen. Anläßlich meiner Geburtstage kutschierte mein Vater uns Kinder zum Spielen immer dort hin. Südlich von Tiegen fuhren wir über die Uelzener Bahn am Poggenberg vorbei. Dann hatten wir, in Richtung Nordwesten, einen tollen Blick auf Soltau. Heute findet man zwischen Tiegen und Weiher vor allem Wald.

Bahn in Richtung Oeningen. Erst, nachdem wir größer geworden waren, kamen die südlichen Gefilde hinter Tetendorf dran, wo man es durchaus bis Tiegen oder Meßhausen schaffte.

Nie vergessen werde ich, wie es das erste Mal mit dem Fahrrad über Land ging! Ein Freund hatte mich überredet. Verdammt weit weg schien das Ziel zu liegen. Wir fuhren nach Leitzingen! Das waren sage und schreibe sechs Kilometer! Aufregend schien es zu werden. Aber fahre mal einer den schnurgeraden Stremel über die Frielinger Chaussee durch den Wald bis Leitzingen. Das Wort Langeweile kannte ich damals zwar kaum, aber seine wahre Bedeutung ahnte ich bereits. Später war es eine Selbstverständlichkeit, aus Jux bis nach Fallingbostel zum Baden zu radeln.

Räuber und Gendarm spielten wir während der dunklen Abende im Herbst und Winter in der Stadt, denn im Wald hatten wir ohne

Bild 5 Winter mit Festbeleuchtung ca. 1970. Rathaus und Ratskeller in der Post-straße im Schnee.

Licht zu viel Bammel. Siehe oben. Daher bevölkerten Indianer und Cowboys den Böhmewald nur in Jahreszeiten mit langen Tagen.

Winter! Als Kinder hörten wir von unseren Eltern schon, daß früher die weiße Jahreszeit ihrem Namen viel gerechter geworden sein muß. Doch auch in den fünfziger und sechziger Jahren gab es noch richtig kalte Winter mit Frost und Schnee zum ausgiebigen Rodeln oder Eislaufen. Manchmal brauchten wir mit unseren Schlittschuhen nicht bis zum Ahlftener Flatt oder zum Halifax zu pilgern, sondern da funktionierte das Schlittschuhlaufen sogar in der Stadt. Dann waren die alten Eisteiche zwischen Celler und Brandenburger Straße oder die Soltau und der Vorfluter an der Ecke Böhmheide – Charlottenstraße, kurz vor ihrem Zusammenfluß mit der Böhme, zugefroren.

Neben der Brücke, gegenüber der Ratsmühle, rief mein Freund Friedhelm einmal: „Guck mal, hier hält das Eis auch noch!" Die Worte hatten seinen Mund kaum verlassen, als das dünne Zeug

Bild 6 Schlittschuhlaufen am Ahlftener Flatt 1962. Wie oft hat der Autor versucht, mehr als fünf Metern zu gleiten, ohne hinzufallen. Es gelang nicht. Immerhin konnte er die winterliche Stimmung der Landschaft vor der Stadt genießen.

brach, so daß das versunkene, nasse Bein mit meinem Freund daran sofort nach Hause mußte. Aber was war das gegen den Spaß, den wir gehabt hatten!

Überhaupt: Die Weihnachtszeit![1] Bei den Spaziergängen während dieser Wochen, vorzugsweise in der Stadt, hielt ich vor jedem Schaufenster an, das nur die kleinste weihnachtliche Dekoration zeigte, und drückte mir die Nase daran platt. Man hätte ja möglicherweise eine wie rotes, blaues oder grünes Gold polierte Christbaumkugel übersehen können. Oder das Lametta, das so herrlich glitzerte. Dennoch muß ich zugeben, daß mir jede Ausrede recht war, die unzähligen Streifen Heiligabend am Tannenbaum nicht aufhängen zu müssen.

---

[1] Winterlicher Stadtschmuck zur Freude der Kinder siehe Bild 134.

Bild 7   Die Lieblingslok des Verfassers auf der Modelleisenbahn in seinen Jugend-
tagen: Diesellok der Baureihe V 200, hier vertreten durch die V 200 116.

Das Tollste aber waren die Spielzeugeisenbahnen, die in man-
chen Schaufenstern zwischen den Auslagen hin und herfuhren.
Nicht immer schienen Fachleute den Aufbau vorgenommen zu haben. Unfälle, die die kleinen Züge oft umgekippt zwischen den Waren herumliegen ließen, kamen häufiger vor. Aber dafür gab es ja
Fachgeschäfte, in denen alles so funktionierte, wie man es sich sehn-
lichst wünschte! Das war der Höhepunkt der vorweihnachtlichen
Winterspaziergänge!

Im Leben eines jeden Jungen kommt wohl der Moment, an dem
er zu Weihnachten mit einer elektrischen Modelleisenbahn beglückt
wird, denn Väter wollen ja auch spielen. Ob der Junge das will oder
nicht. Mir erging es da nicht anders. Allerdings war ich bei uns zu
Hause der Spielende. Mein Vater war für den Aufbau und die Technik zuständig. Wie oben beschrieben, übten die kleinen Lokomotiven und Waggons eine ungeheure Faszination auf mich aus. Heute

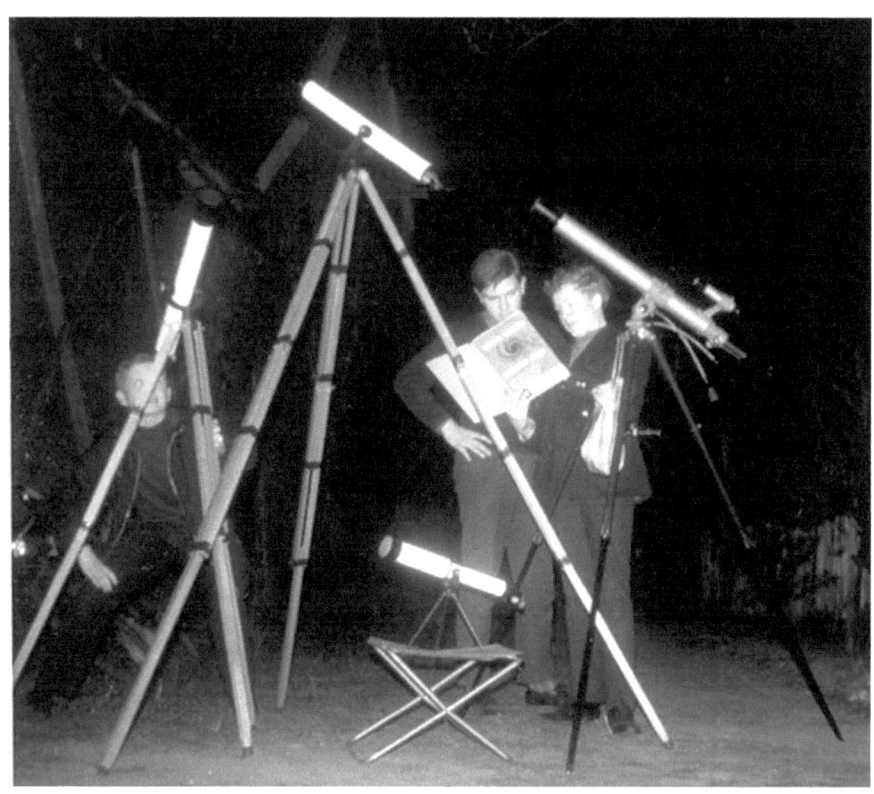

Bild 8 Drei Freunde der Nacht und ein bleibendes Hobby: So fing es 1967 mit dem Astronomieinteresse an. Damals war der Soltauer Nachthimmel deutlich dunkler. Heute regt zuviel Streulicht der nächtlichen Stadtlichter die Atmosphäre zum Leuchten an. Links beobachtet Günter Nitschke. Klaus Barginda, rechts, erläutert dem Verfasser mittels Himmelsatlas sein nächstes Beobachtungsobjekt. Mein Fernrohr, ebenfalls rechts, stammte aus Brillen-Hawas Schaufenster. Siehe Bild 136.

weiß ich, daß wiederum Spaziergänge das Auslösen dieser Modell-bahnliebe unterstützt haben. Damals fand der planmäßige Betrieb der Eisenbahn noch mit Dampfloks statt, die wir auch Sonntags bei den erwähnten Wanderungen nach Tetendorf und in den Kuhbach sahen und deren mir kleinem Buben so gewaltig vorkommenden, stampfenden Erscheinungen sich unauslöschbar im Kopf festsetzten. Diese Fahrzeuge nun selbst auf eigenen Gleisen zu führen und die winzigen Gestänge der Lokomotivantriebe aus der Nähe zu beobachten war die Steigerung dessen, was ich schon in den Auslagen der Weihnachtsschaufenster[1] gesehen und herbeigesehnt hatte! Hier muß nun wieder das Spazierthema erwähnt werden. Da die Modellbahn üblicherweise in der Zeit nach Weihnachten aufgebaut war, konnten die weiterhin stattfindenden Spaziergänge gar nicht kurz genug sein. Wieder zu Hause, wurde sofort der Stecker des Trafos reingesteckt, um die heimischen Personen- und Güterzüge fahren zu lassen. Selbst tiefer, zum Rodeln einladender Schnee verlor seine Attraktivität gegenüber dieser Faszination des Kleinen.

Bild 9 Nach dem Winter war vor dem Winter. Dazwischen hieß es, die Badehose anzuziehen. Das Freibad oder das Ahlftener Flatt luden ein. Abenteuerlich spielen ließ es sich am besten in freier Natur. Da konnte die Badehose schon mal wegbleiben (siehe Bild 137). Die schüttere Kiefer war eine allen Flattbesuchern bekannte Landmarke. Die ausgedehnte Wasserfläche schrumpfte durch die langsame Verlandung bis heute erheblich. In den 1960er Jahren hatte man als Kind noch ein seeartiges Gewässer vor sich.

[1] Siehe Bild 138.

Verbunden mit dem Ende des Winters war die Einstellung des häuslichen Eisenbahnbetriebes. Die Sonne schien wieder länger, es wurde wärmer, erstes Grün zeigte seine jungen Triebe und, es war kaum anders zu erwarten, die Spaziergänge verlängerten sich entsprechend. Aber ich hatte ja die Aussicht auf das besagte Erfrischungsgetränk. So wiederholten sich damals die Jahreszyklen der Heimaterkundung. Irgendwann, als meine Freunde und ich größer geworden waren, verlagerten sich die sonntäglichen Be-

Bild 10   Hier erkennt man ebenfalls die frühere Größe der Wasserfläche des Ahlftener Flatts. Schöne Fotomotive findet man dort heute noch.

schäftigungen dann in den Bereich der gemeinsamen Unternehmungen ohne elterliche Beteiligung. Die Badeanstalt, Sportveranstaltungen, sich ständig ändernde Hobbys, genauso bleibende, wie die Astronomie, und später natürlich das andere Geschlecht ersetzten einen großen Teil der gemeinsamen Freizeit mit Mutter und Vater, was sicher für jeden jungen Menschen normal war und ist. Dennoch, wie eingangs erwähnt, möchte ich die ruhigen und heimaterkundenden Sonntage mit meinen Eltern nicht missen und werde sie deshalb nie vergessen.

Die Soltau – das Doppelte Lottchen

Ein Gewässer und sein Namensvetter

Wer sich die Mühe macht, unter dem Begriff „Soltau" nach Fundstellen zu fahnden, erhält Suchergebnisse der vielfältigsten Art. Als wohl prominentester Vertreter trägt das Herz der Heide diesen Namen seit über eintausend Jahren. Das gesamtdeutsche Telefonbuch enthält etwa 1000 Eintragungen von Teilnehmern, die den Namen Soltau tragen und in ihm als Firma oder als Privatperson vertreten sind. Weltweit stellt der Name ebenfalls keine Seltenheit dar. Gerade im englischen Sprachraum findet man ihn, was häufig auf Vorfahren des Soltauer Namensursprunges zurückzuführen ist. Selbst beim American Football war der Name vertreten. Ein Gordon Soltau vom Team der San Francisco 49er führte in den Jahren 1952 und 1953 die nordamerikanische Liga als bester Spieler an.

Weniger bekannt dürfte jedoch sein – auch bei den Einwohnern Soltaus –, daß ihr gleichnamiges Flüßchen einen Vetter besitzt, der ebenfalls diesen Namen trägt. Zwischen Elm und Harz bahnt sich durch die Landkreise Wolfenbüttel und Helmstedt seit Urzeiten ebenso eine Soltau ihren Weg durch die Landschaft, ähnlich, wie die Soltauer Soltau seit der zweiten Eiszeit ihren Weg zur Böhme findet. Die ostniedersächsische Soltau entläßt ihr Wasser unterhalb von Beierstedt im südlichen Teil des Landkreises Helmstedt in den Großen Graben, der weiter ostwärts bei Oschersleben in Sachsen-Anhalt in die aus dem Harz kommende Bode mündet und hier die Grenze zwischen Niedersachsen und Sachsen-Anhalt bildet. Knapp 100 Meter vor der Einmündung in den Großen Graben wird die Soltau noch durch den vom westlich gelegenen Winnigstedt heranfließenden Feldgraben verstärkt. Wie den Verlauf der Heide-Soltau, kann man in der offiziellen topographischen Karte des Landesverwaltungsamtes Hannover den der Elm-Soltau genauso verfolgen.

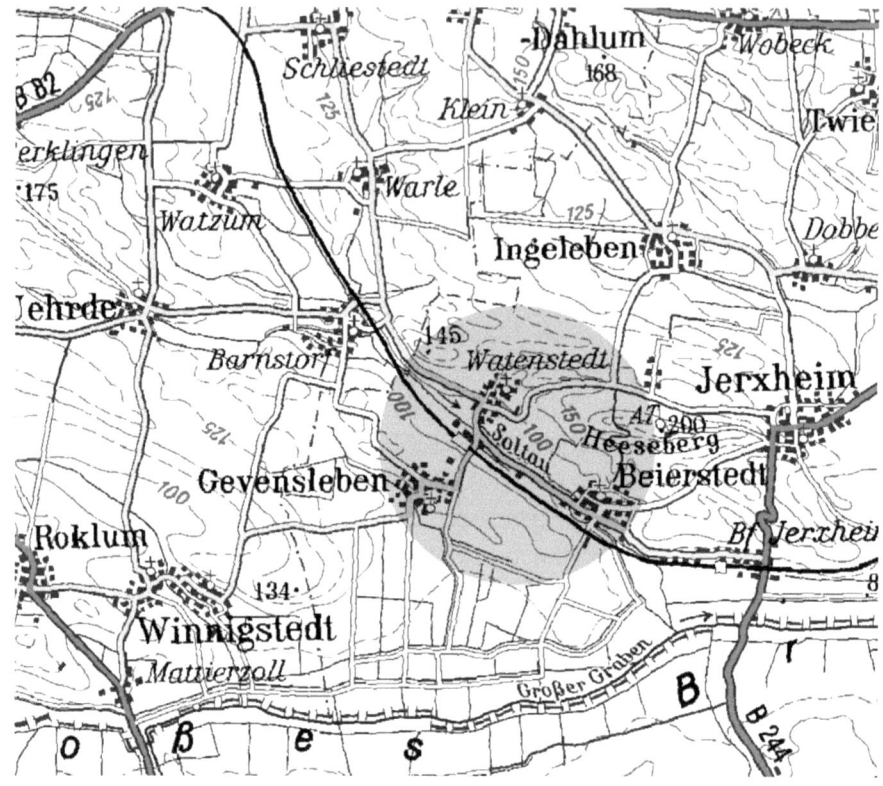

Bild 11   Lage der Soltau *zwischen Winningstedt und Jerxheim*

Für sie ergibt sich ebenso eine Länge von etwa 7 km. Auf halbem
Weg zwischen Barnstorf (Uehrde) und Watenstedt wechselt das Gewässer vom Landkreis Wolfenbüttel in den Helmstedter Kreis.

Beide Flüßchen bilden sich – nichts ungewöhnliches – aus Wasser, das höhenabhängig ab- und zusammenfließt. Ihre Flußläufe lassen sich bis zu ihren Entstehungsgebieten leicht zurückverfolgen
(von „Quellen" im eigentlichen Sinn kann nicht gesprochen werden), wobei die Einzugsflächen klar hervortreten, sei es durch spei-
sende Nebenbäche oder Gräben oder durch die trennenden Wasser-
scheiden, die in den Karten an ihren Höhenprofilen zu erkennen
sind. So entwässert unsere Soltau die Gebiete westlich von Ellingen
sowie Falshorn, Wiedingen und die der Stadt Soltau nordwestlich

Bild 12 Die Teufelsbrücke am Soltauer Kuhbach zwischen den verlandenden Sie-
ben-Männer-Teichen am äußersten westlichen Ende der Seilerstraße und der Ver-
bindungsstraße zwischen Wiedinger Weg und Schäfersort gelegen.

nähergelegenen Areale. Ebenso gehören die Flächen nordöstlich der Bundesstraße 71 zwischen Wiedingen und dem Ahlftener Flatt zum Einzugsgebiet. Zwischen Hof Pröhl und Menkenhof kreuzt der zugehörige Graben die Straße und speist den westlich daneben auf seinem Weg liegenden Fischteich.

Auf ihren letzten 1400 Metern vor der Vereinigung mit der Böhme erhält die Soltau kurz nach Durchfließen von Meyers Föhr Verstärkung durch die Alm-Aue an deren Einmündung hinter den Stadtwerken. Erhielt die Heide-Soltau, bis zum Aue-Zufluß meist Kuhbach genannt, vor langer Zeit ihren Namen durch das für die hier herrschende Geologie typische Salz aus damaligen oberflächennahen Vorkommen, führt die Elm-Soltau noch heute salzhaltiges, an der Oberfläche austretendes Wasser ab, nämlich aus den Barnstorfer Salzwiesen südlich von Schöppenstedt im südöstlichen Teil des Landkreises Wolfenbüttel. Deren Salz gab auch dort dem Fluß seinen Namen. Den Hauptteil ihres Wassers erhält die Soltau heute, ebenfalls bei Barnstorf, aus dem aus nordöstlicher Richtung von Warle heranfließenden Ostbach und von Nordwesten aus dem

DIE TEUFELSBRÜCKE

Schildertext am Kuhbach (Originalwortlaut)

Im Kirchspiel Soltau waren die Leute dem Dransfeldschen Korn, kalt aus dem Blaurand (-glas) getrunken, sehr zugetan.

Ook Basselmann keum erst bi Nacht nah Huse, as de Mand em bereits heimlüchte, dat wür Basselmann sien Sünn. Een Gast von de Bult möß up alle veer Beene över den Leetzener Karkensteg krabbeln un stöt mit den Dübel tohopen. He güng taurüch nah de Bult. De Dübel wör keen anner as de Husschlachter, de in Leeten bi den Schlacheköst de Schluckbuddel nicht schont harr. An'n Morgen drepen se sick wedder up de langen Brüch in Kaubeeke.

Hochdeutsch:

Auch Bostelrnann kam erst bei Nacht nach Hause, als ihm der Mond bereits heimleuchtete. Dies war Bostelrnanns Sonne. Als Gast von der Bult (alte Soltauer Gaststätte) musste er auf allen Vieren über den Leitzinger Kirchensteg krabbeln und stieß mit dem Teufel zusammen. Er flüchtete schnell zurück zur Bult. Aber der Teufel war kein anderer als der Hausschlachter, der in Leitzingen beim Schlachtefest die Schluckfasche nicht verschont hatte. Am nächsten Morgen trafen sie sich wieder auf der langen Brücke im Kuhbachforst.

Schmalen Bach. Unter Einbeziehung der weiteren zufließenden Bäche, wie Westerbach und dem bereits erwähnten Feldgraben, ist die entwässerte Fläche etwa eineinhalbmal so groß, wie die bei Soltau (inklusive des Einzugsgebietes der Alm-Aue).

Die Barnstorfer Salzwiesen liegen nordöstlich des erstmals 966 urkundlich erwähnten Ortes und sind heute als Naturschutzgebiet „Salzwiese Barnstorf" geschützt. Es handelt sich um eine natürliche Binnensalzstelle, die in Niedersachsen zu den seltensten Biotoptypen gehört. Sie befindet sich im tiefgelegenen Bereich einer breiten Talmulde, in der salzhaltiges Grundwasser an die Oberfläche aufsteigt und zeitweise in offenen Lachen die Bodenoberfläche bedeckt. Durch einen aus Osten heranfließenden Graben ist das Gebiet in zwei gleich große Bereiche geteilt, in deren Mittelpunkten jeweils stark salzhaltige, vegetationslose Schlammstellen liegen. Daran angrenzend finden sich, abhängig von der Salzkonzentration, typische Bestände von Queller-Fluren, Salzschwaden-Rasen und Salzastern. In den Randbereichen schließen sich Flutrasen und Weidelgrasweiden an. Die besondere Bedeutung dieses Naturschutzgebietes liegt in der sehr guten Ausbildung von salztolerierenden Pflanzengesellschaften. Die Salzquelle zu Barnstorf samt angeschlossener Salzsiederei wurde 1438 von Herzog Heinrich dem Älteren an einen gewissen Gerecke Pawel zu Braunschweig verkauft und 1743 aufgrund zu geringen Ertrages stillgelegt. Ausgerechnet im Bereich der Salzwiesen betrieb die gut zwei Kilometer entfernte Watenstedter Zuckerfabrik Ende des neunzehnten Jahrhunderts einen Brunnen zur Wasserversorgung. Im etwa sechs Kilometer entfernten Jerxheim finden sich ebenfalls Salzwiesen, die, wie die Barnstorfer, der unmittelbaren und dauernden Beobachtung durch Hochschulen unterliegen, wie die der Technischen Universität Braunschweig mit ihrer Arbeitsgruppe für Vegetationsökologie und experimentelle Pflanzensoziologie des Institutes für Pflanzenbiologie (… Wissenschaft erfordert eben präzise Bezeichnungen und Namensgebungen).

Zum Salz der Heide-Soltau berichtet noch 1926 der „Führer durch Stadt Soltau und ihre nähere Umgebung", herausgegeben vom Verein zur Hebung des Fremdenverkehrs, daß das Salz bei „bestimmten Luftverhältnissen noch heute an einzelnen Stellen an der Erde glitzert." Wer jetzt das Soltauer Salz schmecken will, muß nur die Soltau-Therme oder das Soltauer Salzmuseum besuchen, um auf den Geschmack zu kommen. Allerdings stammt die Sole dort aus 200 Metern Tiefe. Gemäß der Klassifizierung der Gewässergüte des Niedersächsischen Landesamtes für Ökologie aus dem Jahr 2000 wird die Soltau in die Güteklasse II eingestuft. Sie gilt damit als mäßig belastet. Die Kennzeichen dieser Güteklasse sind eine mäßige Verunreinigung, gute Sauerstoffversorgung, sehr große Artenvielfalt und Individuendichte von Algen, Schnecken, Kleinkrebsen sowie Insektenlarven, ein artenreicher Fischbestand und Wasserpflan-

Bild 13 In einer eher flachen und kargen, landwirtschaftlich geprägten Gegend zwischen Elm und Harz nimmt der Große Graben die dortige Soltau auf.

zenbestände, die größere Flächen bedecken können. Die Güteerhebung weist allerdings eine Versauerung des Bachbereiches bei Wiedingen bis hin zum Kuhbachwald aus, was ebenso für den zeitweise trockenfallenden Oberlauf der Alm-Aue bei Barmbruch gilt.

Die Elm-Soltau kommt bei den Ökologen nicht ganz so gut davon. Sie ordnen sie mit den erwähnten, ebenfalls zeitweise trockenfallenden Nebenbächen der Güteklasse II-III zu, welche die kritisch belasteten Gewässer beschreibt. Es handelt sich damit um solche, deren Belastung mit organischen, sauerstoffverzehrenden Stoffen kritische Zustände bewirken kann, in denen Fischsterben infolge Sauerstoffmangels möglich ist und in denen ein Rückgang der Artenzahl bei Makroorganismen auftreten kann, sowie gewisse Arten dieser Kleinlebewesen zur Massenvermehrung neigen. Fadenförmige Algen bilden häufig flächendeckende Bestände. Im mittleren Bereich zwischen Barnstorf und Watenstedt gehört die Soltau sogar zur Klasse III, stark verschmutzt. Hier kann es zu wiederholtem Fischsterben kommen, wobei das Wasser hauptsächlich durch Abwasserbakterien und gegen Sauerstoffmangel unempfindliche Organismen, wie Egel und Wasserasseln bevölkert wird. Den Unterlauf des Flusses kennzeichnen zusätzlich erhöhte Chlorid-Gehalte, was unter anderem auf den Eintrag aus den salzhaltigen Grundwässern dieser Gegend zurückzuführen ist. Für Norddeutschland sind diese Salzvorkommen ja kein Einzelfall. Auch im benachbarten Schöningen existierte bis 1970 eine Saline, die in ihren 60 Betriebsjahren die Produktion von anfangs 10.000 t jährlich auf über 100.000 t Salz steigerte und dann dennoch wegen Unrentabilität stillgelegt wurde.

Wer das Gebiet um das Soltauer Heidegewässer kennt und mit diesem Wissen die südlichen Ausläufer des Elm-Höhenzuges besucht, wird eine gänzlich andere Landschaft vorfinden, ja, vielleicht enttäuscht sein. Der Verfasser besuchte diese Gegend im Februar. Zwar herrschte strahlender Sonnenschein, aber im staubigen Dunst des leichten Ostwindes, der über die brachliegenden Felder und um die dünenartigen Hügel zog, hinterblieb ein Eindruck von Kargheit. Nur im Norden der Höhenrücken des Elm und am südlichen Horizont der Harz ließen Bekanntes erahnen. Allein im Frühjahr, bis hin zur sommerlichen Ernte, wird es hier grüner und abwechslungsreicher. Danach überwiegen wieder die Braun- und Grautöne des nackten Bodens. Kaum Bäume beleben die Landschaft, vereinzelt begleiten Buschreihen die Ackerflächen. Die Landwirtschaft hat hier alles im Griff. So wurden die Bäche zu schnurgeraden Entwässerungshilfen, die keine Naturnähe mehr zeigen und nur noch über ihre Namensgebungen erahnen lassen, daß sie eine Geschichte haben. Zwischen den weiten Feldern und Hügeln um Barnstorf treten die Salzwiesen kaum hervor. Würden sie normales Pflanzenwachstum erlauben, wären sie sicher längst in die menschliche Nutzung einbezogen. Deshalb ist es erfreulich, daß die Natur wenigstens nicht bei allem die Verliererin ist. Auf ihrem gesamten Verlauf zwängten die Wasserbauer die Elm-Soltau und ihre Nebenbäche in begradigende Betten, die für einen auf Schnelligkeit optimierten Ablauf des

Bild 14 Meyers Föhr: Der Verfasser hat sich schon 1970 den Spaß gemacht, mit Karacho die Furt zu durchqueren. Leider hatte der Boden des alten VW-Busses ein Loch ...

Wassers ausgelegt sind und der, wie oben beschrieben, keine Bildung einer ausgeglichenen Fauna und Flora ermöglicht. Betten? Welch irreführender Begriff! In erster Linie dienen Betten der Ruhe. Bei den hier beschriebenen Ablaufkanälen handelt es sich jedoch um Wasserrennbahnen. Selbst der zur Zeit des Besuches vorhandene Wasserstand von höchstens 15 Zentimetern führte zu einem schnellen Abfließen des Wassers in Richtung des Großen Grabens.

Wieviel ruhiger geht es doch bei unserer Soltau zu. Zwar weist der im 19. Jahrhundert zum Teil ebenfalls begradigte Heidebach auf seiner Länge mit gut 15 Metern Höhenunterschied ein ähnliches Gefälle auf, dennoch läßt sich das Wasser mehr Zeit, um am Ende in der Böhme aufzugehen. Der Flußlauf änderte sich im Laufe seiner Geschichte kaum, so daß er sich immer entlang der topographischen Höhengegebenheiten zur heutigen Soltauer Stadtmitte schlängeln konnte. Abgesehen vom Stadtkern, fällt er in der Landschaft nur an wenigen Stellen auf, und daß meist nur dem Spaziergänger oder Radfahrer, der das Wasser auf seinem Weg überquert, sei es in

Wiedingen, im Kuhbachwald, über die Teufelsbrücke hinter den Sieben-Männer-Teichen oder bei Meyers Föhr, wo man bis vor einigen Jahren noch das – umweltschutzmäßig aus heutiger Sicht gesehen sicher zweifelhafte aber abenteuerliche – Vergnügen haben konnte, mit seinem Wagen direkt durch die Furt zu fahren. Wer nimmt das Flüßchen heute noch als historisches Gewässer war, unerkannt fließend auf seinem Weg zwischen Seilerstraße und Am Schwarzen Busch, danach die Bahnhofstraße in der Nähe der St. Johannis-Kirche direkt hinter dem ehemaligen Fernmeldeamt kreuzend? Es gelingt der Soltau, sich bis zuletzt, bis zu ihrem Erscheinen am Rühberg hinter dem Finanzamt, im Schilf und in ihrem Flußbett zu verstecken, um erst dann, auf den letzten 500 Metern, das Bild der Soltauer Innenstadt zu bereichern.

Es wäre alles so schön, wenn es einfach wäre. Tatsächlich gibt es unterschiedliche Meinungen darüber, ob und in welchen Abschnitten der Gewässerlauf nun Soltau oder Kuhbach heißen müßte. Darüber wird an anderer Stelle dieses Buches berichtet.[1]

Warum sollte nur die Soltau eine Namenscousine haben? Das kann der Kuhbach mit seinem Namensvetter auch. Im Entstehungsgebiet der Delme auf der Wasserscheide in Twistringen bildet sich der dortige Kuhbach und fließt südwärts nach sechzehn Kilometern bei Sulingen in die Kleine Aue; das Ganze nicht weit entfernt vom Diepholzer *Barnstorf* – noch ein niedersächsischer Namensvetter. Nicht genug der gleichen Bezeichnungen: Die Kleine Aue mündet bei Barenburg südlich von Sulingen in die Große Aue, welche nach einunddreißig Flußkilometern in der Weser aufgeht. Haben die Sulinger möglicherweise unter Einfluß ihres Bullenschluck-Kräuterlikörs die drei Gewässernamen abgekupfert? Wohl eher nicht.

---

[1] Siehe Beitrag *Soltau vs. Kuhbach*

Draufsicht

Eine Betrachtung unserer Landschaft aus höherer Perspektive

W enn man bei wolkenlosem Himmel in den Space Shuttle steigt und in einer Höhe von fünfhundert Kilometern Deutschland überquert, erkennt man im nordöstlichen Niedersachsen ein Gebiet, das sich mit umfangreichen Waldflächen in leicht geschwungenem Bogen von der Nordheide, über die Zentral- und Südheide bis hinein nach Sachsen-Anhalt erstreckt. Leider muß der Wunschtraum des mal eben raumfahrenden Heimatkundlers noch lange auf sich warten lassen, aber mit aktuellen Aufnahmen, wie sie von Satelliten gewonnen werden, sind heute schon Heimatbetrachtungen aus dem Weltraum möglich. Die Konturen, Farben und Texturen dieser Gebiete in der Lüneburger Heide und in der Altmark im nordwestlichen Sachsen-Anhalt heben sich von denen der anderen Landschaften auffallend ab. Beide Regionen besitzen große Flächen, die zu Truppenübungsplätzen der Bundeswehr gehören und deren Manövergebiete die Orientierung aus großer Höhe erleichtern. Die den altmärkischen Platz dominierende Colbitz-Letzlinger Heide nordöstlich von Haldensleben fällt mit ihrem pilzförmigen Aussehen sofort ins Auge. Die entsprechenden Flächen unserer Zentralheide bilden dagegen eine an den nordamerikanischen Kontinent erinnernde Kontur, die die Feld- und Wiesenflächen des Raumes Wietzendorf, Bergen und Hermannsburg umgibt.

Man muß mit seinem Blickpunkt natürlich nicht so hoch hinaus. Das Überqueren der Landschaft im Flugzeug läßt die Einzelheiten ebenso erfassen. Landeanflüge in Richtung der Flughäfen von Hamburg, Bremen oder Hannover führen regelmäßig über die Lüneburger Heide oder unmittelbar an ihr vorbei. Wer hier aufgewachsen ist und wer es anläßlich solcher Flüge arrangieren kann, sollte sich unbedingt an ein Fenster setzen lassen, um die Heimat einmal von

Bild 15 Markant umrahmen die Flächen des Truppenübungsplatzes Bergen (westlich im Bild) und die des Platzes Munster (nordöstlich) mit ihren Schießbahnen die
Wiesen- und Feldflächen im Bereich Wietzendorf und Bergen und bestimmen damit
die Kontur des an den nordamerikanischen Kontinent erinnernden Gebietes.

oben zu betrachten. Schnell finden sich geographische Anhalts-
punkte, die wiederum als Ausgangspunkte dienen können für das
weitere Aufsuchen vertrauter regionaler oder lokaler Gegenden.
Auffallende Landmarken, wie Flußläufe, Seen oder größere Orte mit
bekannten Umrissen, verbunden mit dem geographischen Grund-

wissen, das man zu Schulzeiten abgespeichert hat, helfen bei der Übersicht. Gute Hilfen bei der Orientierung leisten die Autobahnen, die als dünne Linien die Landschaft durchziehen. Ihre Verläufe sind gut bekannt und man findet schnell die Ortschaften, die an ihnen oder in ihrer Nähe liegen. Die Konturen der großen Städte mit den sie oft durchquerenden Flüssen oder anderen Verkehrswegen sind einfach zu erkennen. Hamburg von oben gesehen mit seinem Hafen oder Hannover mit dem Maschsee fallen sofort auf. Markant bieten sich das Steinhuder Meer mit dem Wilhelmstein und die Kreuzung von Weser und Mittellandkanal bei Minden in der Nähe der Porta Westfalica dar. Deren Einschnitt zwischen dem Wiehen- und dem Wesergebirge mit der sich durchschlängelnden Weser bildet eine ebenso auffällige Landmarke.

Einwohner des Landkreises Soltau -Fallingbostel sollten sich bei Landeanflügen aus südlichen Bereichen kommend (die aufgrund der Hauptreiserichtungen überwiegen) in Richtung Hamburg links ans Fenster setzen, mit Ziel Bremen rechts und nach Hannover ebenfalls rechts. Bei den in Norddeutschland vorherrschenden westlichen Winden sichert der dann aus östlichen Richtungen vorgenommene Anflug – wolkenloser Himmel vorausgesetzt – einen guten Blick auf die Heideheimat oder Teilen davon. Der Landeanflug nach Hamburg führt häufig über Soltau oder daran vorbei, wobei die leuchtendblauen Flecken der Schwimmbecken des Freibades am Südwestrand des leicht erkennbaren Böhmewaldes nicht mehr weithin sichtbar sind und die Orientierung unterstützen, da sie inzwischen zugunsten eines sogenannten Cabrio-Daches des Hallenbades zurückgebaut wurden.

Noch leichter wird das Zurechtfinden bei Dunkelheit, klare Sicht vorausgesetzt. Was zunächst widersprüchlich klingt, wird beim Blick auf die nächstens im Schatten der eigenen Erde liegenden Oberfläche klar. Dann springen nur noch die Straßen und Ortschaften ins Auge. Die Autobahnen erscheinen besonders markant als endlose Lichtbänder, die sich mit den eingebetteten Leuchtpunkten der Fahrzeuge scheinbar langsam und träge durch die Dunkelheit

*Bild 16   Die zentrale Lage Soltaus wird durch die in alle Himmelsrichtungen ver-
zweigenden Verkehrswege, wie Kreis-, Landes- und Bundesstraßen sowie die verschiedenen Eisenbahnlinien deutlich. Wer genau hinschaut, erkennt die vierzehn
Strecken. Die fünfzehnte, die OHE-Linie nach Neuenkirchen, lag seit 1986 still. In-
wischen wurde sie entwidmet, zurückgebaut und existiert daher nicht mehr.*

winden. Vielbefahrene Hauptstraßen sind ebenso leicht auszuma-
chen. Beim Landeanflug auf Bremen, auf der Höhe von Verden, folgt
der Blick zunächst der östlich die A 27 kreuzenden, durch Auto-
scheinwerfer markierten Landesstraße 171 über Kirchlinteln, Visselhövede bis Neuenkirchen und weiter der Bundesstraße 71 bis nach
Soltau, das als letzter Ort in der Kette gerade noch im Horizontdunst
sichtbar ist.

Als landkartenartiges Negativbild – Wegenetz weiß, Hintergrund
schwarz – erscheinen so die Straßen nachts als Verbindungen der
Dörfer, Ortschaften und Städte, die ihrerseits wie weißlich glim-
mende, mit bunt blitzenden Lichtern durchsetzte Leuchtflächen erscheinen. Lange bevor das Internet erfunden wurde beweist dieser
Anblick direkt sichtbar, daß vor allem der Verkehr das Zusammen-
wachsen der bewohnten Flächen und damit die gesellschaftliche

Vernetzung geschaffen hat. Besonders interessant wird die nächtliche Draufsicht, wenn dichter Bodennebel den direkten Blick auf die Lichtkonturen der bewohnten Areale versperrt. Dann leuchten die darüberliegenden Nebelflächen wie eine riesige dahinwallende Watteschicht und erzeugen durch die darunterliegenden Ortschaften einen aus mehr oder weniger hell und milchig schimmernden Lichtflecken zusammengesetzten Flickenteppich.

So schön die illuminierte nächtliche Ansicht anmutet, soll trotzdem nicht verschwiegen werden, daß sie gleichermaßen nachteilig ist für andere. In der entgegengesetzten Blickrichtung, von unten nach oben, gibt es kaum noch Bereiche, in denen am Himmel großflächige Dunkelheit herrscht. Eine Ortschaft liegt neben der anderen. Vom Boden geschaut, umrahmen überall Lichtglocken der Nachbarorte den Nachthorizont. Nicht umsonst weichen daher astronomische Institute schon seit längerem in ferne Länder aus, wie beispielsweise Chile. Dort gibt es Gegenden, in denen langfristig keine Lichtverschmutzungen drohen. In Deutschland bieten sich für professionelle Astronomen nur noch wenige Gegenden an, die halbwegs ungestörte Beobachtungen ermöglichen. Ernsthaft ihr Hobby pflegende, lichtgeplagte Amateurastronomen überlegen sich inzwischen sehr genau, wo sie sich nachts zum ungestörten Beobachten hinbegeben.

Mittlerweile ist es gelungen, erste Gegenden weltweit, aber genauso in Deutschland, hier durch die „Initiative gegen Lichtverschmutzung der Fachgruppe Dark Sky der Vereinigung der Sternfreunde e.V.“, als sogenannte Sternenparks auszuweisen, in denen die Himmelsareale noch weitgehend dunkel sind, so daß auch schwach leuchtende Sterne und vor allem die Milchstraße als beeindruckende Ansicht betrachtet werden können. Selbst die für das menschliche Auge nicht mehr sichtbaren Himmelsobjekte, die nur mittels Teleskope gefunden werden, sind mit weitgehend schwarzem Hintergrund fotografierbar. Prominent seien hier die Sternenparks Westhavelland, Rhön und Nationalpark Eifel genannt. Selbst in der Lüneburger Heide finden sich vereinzelt noch dunkle

Bild 17   Mitteleuropa aus der Internationalen Raumstation betrachtet. Der Blick geht nach Westen. Warschau strahlt sehr kräftig am unteren Bildrand. Halb links oben wird ein ganzes Land großflächig erleuchtet: Belgien. Holland rechts daneben steht dem kaum nach. In der Mitte oben dehnen sich nach rechts Dänemark und Schweden aus, mit dem südlichen Norwegen in Richtung Nordsee. Weiter nordwestlich leuchtet ein Nordlicht ins Bild hinein.

Gebiete, wie zum Beispiel auf dem Tütsberg, wo nur über den Nordhorizont ein Teil des Hamburger Lichtdomes ragt. Die früher guten Beobachtungsmöglichkeiten zwischen Deimern und Scharrl sind jedoch durch die auch nächstens und meist sogar im Winter eingeschaltete Festbeleuchtung des Soltauer Heideparks nicht mehr sinnvoll nutzbar. Wenn der Anblick des Nachthimmels mit seiner Sternenpracht als zu schützendes Naturgut gelten soll, herrscht hier in Mitteleuropa dringend weiterer Handlungsbedarf. Bei der Be- und Ausleuchtung von Städten gibt es durchaus technische Möglichkeiten, die ungehemmte Lichtabstrahlung einzudämmen. Erstaunlicherweise spielen die sonst wenig auf die Verminderung von natürlichen Ressourcen bedachten Nordamerikaner hier eine Vorreiterrolle. Städte wie Los Angeles beziehen inzwischen den früher unbeachtet gebliebenen Aspekt der Lichtverschmutzung in ihre Planungen zur Berücksichtigung der Natur ein.

Kehren wir aber wieder zurück zu unserer Betrachtung der Heimat von oben. Die größtenteils unregelmäßig geformten Heide- und Waldflächen liegen eingebettet in einen Teppich von unzähligen Wiesen und Feldern, die auf Satellitenbildern fein gesprenkelte Flächen abgeben, während sie aus dem Flugzeug betrachtet als rechteckige oder trapezförmige, eng aneinandergeschmiegte Handtuchflächen mit jahreszeitabhängigen Gold-, Braun-, Grau- oder Grüntönen das Aussehen der Landschaft dominieren, wobei durch die Vielzahl der Wiesen das Grün oft überwiegt. Zwar gibt es keine bevorzugten Himmelsrichtungen, an denen sich die bewirtschafteten Flächen orientieren, aber dennoch ergibt sich allein aufgrund der Mengen und Größen der aneinandergrenzenden Flächen ein Bild von verteilter Gleichmäßigkeit, das sich über ganz Deutschland hinzieht und einen durchaus ästhetischen Eindruck hinterläßt. Im Winter bei Schnee wird das Bild einfacher und verliert seine Farben. Die Wälder und Ortschaften nehmen nur noch dunkle Grautöne an und alle baumlosen Flächen färben sich einheitlich weißgrau. Nachts sieht die Landschaft allerdings so aus, wie sonst auch ohne Schnee. Schickt der Mond jedoch sein blasses Licht in wolkenlosen Winternächten bis auf den Erdboden, bewegt sich der Überflieger in gespenstisch fahler Beleuchtung über das Land, so daß man meinen könnte, es fehlte nur die neben dem Flugzeug auf ihrem Besen dahinreitende Brockenhexe. Die allerdings würde sich über die Respektlosigkeit wundern, prostete man ihr mit dem gerade vom Bordservice servierten Erfrischungsgetränk durch das Fenster zu.

An diesem Versuch der Beschreibung der Heimat von oben erkennt man bereits die Vielfalt, die die Landschaft nicht nur im gewohnten Maßstab des Erdenbürgers auf der Oberfläche seiner Welt aufweist, sondern die auf der Kilometerskala der lokalen, regionalen und landesweiten Geographie, ebenso des großräumigen Wettergeschehens herrscht. Selbst erfahren kann man sie aber nur mit modernen technischen Hilfsmitteln. Ohne Fluggeräte – ob in der Atmosphäre oder darüber im Weltraum – würde sich dem Auge der fantastische Blick auf die Welt in der Draufsicht kaum erschließen. Nicht umsonst betitelte bereits 1965 Professor Heinz Haber sein bekanntes Buch über die Entstehungsgeschichte der Erde mit „Unser blauer Planet". Und wer erinnert sich nicht an die damals überall abgebildeten, sensationellen Fotos, die die ersten Astronauten aufnahmen und die die Erdatmosphäre in einem nie gesehenen Blau zeigten, meist spektakulär mit der Raumkapsel oder einem frei schwebenden, mit goldener Nabelschnur gesicherten Raumfahrer im Vordergrund in Szene gesetzt?

Die Bilder, die heute – oft live – von Flügen des Space Shuttle übertragen werden, gehören inzwischen zu unserem Alltag, kaum mehr wahrgenommen in der Flut der Nachrichteninformationen. Aber spätestens, wenn der Mensch sich selbst in die wirkliche Dreidimensionalität begibt und die direkte Verbindung zum Erdboden verliert, stellt sich sofort das Außergewöhnliche in seinem Gefühl ein, wissend, daß er nun seinen normalen Lebensbereich verlassen hat und physikalischen Gesetzen unterworfen ist, deren Auswirkungen er – geschichtlich gesehen – bisher nicht ausgesetzt war. Wer sich davon aber nicht ängstigen läßt, macht bei solchen Erlebnissen Erfahrungen, die er nie vergessen wird. Es sei denn, sie oder er gehören zur Gruppe der Mitbürger, die die Welt lieber aus der vermeintlich sichereren Perspektive vom Erdboden erleben, frei nach dem Motto: „Hätte die Natur gewollt, daß ich fliegen kann, hätte sie mich einen Vogel werden lassen …"

Soltau an der Luhe

Fließgewässer im Soltauer Stadtgebiet

N atürlich können viele Orte ihren Namen mit dem Luhe-Zusatz schmücken. Fließt sie doch durch diverse Gemeinden bis über Winsen, als Namensgeberin des allseits bekannten Ortsbegriffes „Winsen an der Luhe", 3 km vor der Elbe bei Stöckte in die Ilmenau. Weniger bekannt ist vielleicht die Tatsache, daß sich seit der Gemeindereform am 1. März 1974 im davon südlich gelegenen Heidekreis die Luhequelle auf Soltauer Gebiet befindet.

Nicht nur die Luhe berührt das Soltauer Stadtgebiet. Verschiedene Gewässer, von denen der eine oder andere es vielleicht nicht vermutet hätte – darunter vier Auen – sorgen für die Entwässerung des Stadtgebietes und finden daher in dieser Abhandlung Erwähnung.

Die Gewässergütekarte des Niedersächsischen Landesamtes für Ökologie aus dem Jahr 2000 ordnet die Soltauer Fließgewässer überwiegend in die Güteklasse II ein, was Abschnitte mit mäßiger Belastung bedeutet. Resultierend aus dieser eher geringen Verunreinigung, bei gleichzeitig ausreichender Sauerstoffversorgung, kann sich eine sehr große Artenvielfalt und Individuendichte von Algen, Schnecken, Kleinkrebsen und Insektenlarven ergeben. Wasserpflanzenbestände können größere Flächen bedecken und Fischgewässer sind artenreich. Auf abweichend davon zu klassifizierende Flußgebiete wird, soweit erforderlich, in dieser Abhandlung gesondert hingewiesen.

Alm-Aue: Als Nebengewässer der Soltau, das 1,4 km vor deren Mündung in die Böhme in die Soltau fließt, stellt es einen wesentlichen Entwässerungsanteil der westlich der Stadt gelegenen landwirtschaftlichen Gebiete dar. Die Alm-Aue entsteht im wesentlichen aus einem Fächer von vier heranfließenden größeren Gräben, deren längster aus dem Gebiet zwischen Großeholz und Lütjeholz an der

Bild 18 *Fünfzig Meter vor der Einmündung in die Soltau unterquert die Alm-Aue in der Nähe des Stellwerkes Soltau (Han) Sw den Bahnkörper der DB-Strecken nach Hannover und Langwedel.*

Kreisstraße 14 stammt und damit eine Länge der Alm-Aue von gut 6 km ergibt. Sie überwindet einen Höhenunterschied von 21 m. Laut Angabe in der Gütekarte kann der Gewässerverlauf westlich von Hof Alm gelegentlich trockenfallen.

Aue (Hötzinger Aue): Die Wietze und die Aue fließen in Wietzendorf zusammen (daher auch Wietzendorfer Aue genannt). Bis Wietzendorf erreicht die Aue einen 4 km längeren Verlauf als ihre Konkurrentin. Jedoch konnte sie sich mit ihrem Allerweltsnamen wohl nicht durchsetzen, was zur Dominanz der Wietze ab Wietzendorf führte und im Ortsnamen entsprechend festgehalten wurde. Die Aue entsteht nördlich von Stübeckshorn, erhält Zufluß von der Alvernschen Aue bei Emmingen, und verläßt nach ca. 7,5 km und 24 m Gefälle südlich von Willenbockel das Soltauer Stadtgebiet.

Große Aue: Mit 12 km Länge bildet sie nach der Böhme das zweitlängste Fließgewässer im Stadtgebiet. Beim Gefälle steht sie mit 29 m an der Spitze, gefolgt von der Soltau, die es auf etwa 26 m bringt. Bis

Bild 19   Böhme am Mühlenweg, 1913: Am Mühlenweg steht heute anstelle der Wenser Mühle (spätere Waldmühle, links der Bildmitte) die Bibliothek Waldmühle. Der Vorfluter verlandet inzwischen, die Szene ist heute aber noch nachvollziehbar. Rechts von der Bildmitte das alte Mühlenhaus; es wurde später durch Möbel-Reit abgebrochen und durch ein neues ersetzt (heute Pension Waldmühle). Nach Aufgabe des Mühlenbetriebes nach dem 2. Weltkrieg baute der Mühlenbauer August Wilhelms östlich des Mühlenteiches das Café Waldmühle (später Café Harms), heute ersetzt durch das Gaucho Steakhouse und Hotel Mylord.

Zwei weitere interessante Gebäude: Links hinter der Mühle lugt die alte Badeanstalt am Alten Badeweg hervor, zwischen den beiden Mühlengebäuden die frühere Lohgerberei Müller und Stiba, ebenfalls am Alten Badeweg. Nach deren Brandzerstörung 1906 und dem Wiederaufbau wurde der Bau aufgrund seiner Dimensionen im Volksmund auch „Schloß am Meer" und später „Rattenburg" genannt.

nach dem zweiten Weltkrieg hieß die Große Aue noch Grüne Aue, wovon das ehemalige Gasthaus „Zur Grünen Aue" und der ebenso genannte Ortsteil Grüne Aue östlich der Kreuzung der Kreisstraße 2 mit der K 9 zeugen. Die Große Aue entsteht durch die Entwässerung des westlich der K 3 bei Grasengrund gelegenen Großen Moores. Sie gelangt dort in das Stadtgebiet und nimmt weiterhin einen recht unauffälligen Verlauf bis zu ihrer Mündung in die Böhme westlich der Bundesstraße 3 bei Weiher. Trotz ihrer Nähe zur Stadt Soltau be-

Bild 20 Böhme im heutigen Böhmepark, 1908: Eine seltene Aufnahme zeigt die Badeanstalt des 1882 gegründeten Badevereines Poseidon (das kleine schuppenartige Gebäude mit Flaggenmast links der Bildmitte). Um den Wasserzugang zu erleichtern, stand die flußseitige Gebäudefront auf Pfählen im Wasser. Das ermöglichte der Fischerei, die zeitweise durch die Gebrüder Meyerhoff betrieben wurde, einen ebenso leichten Zugang zu den sich unter dem Gebäude versteckenden Fischen. Links die Bornemannstraße, dahinter das alte Kreiskrankenhaus. Das längliche Gebäude rechts der Bildmitte am östlichen Böhme-Knick war Stadteigentum (gelegen am „Achtergang", später die sogenannte „Hölle").

wahrt sie gerade im Bereich zwischen dem Spiekerhof und der B 3 einen weitgehend natürlichen Flußauencharakter mit einer vielfältigen Flora und Fauna. In der erwähnten Gewässergütekarte wird ihr Oberlauf vor der Einmündung des Heidbaches (nördlich des Verkehrskreisels K2/K9, Grüne Aue) allerdings der Güteklasse II-III zugeordnet, welche die kritisch belasteten Gewässer beschreibt. Fachlich trocken ausgedrückt: Es handelt sich damit um solche, deren Belastung mit organischen, sauerstoffverzehrenden Stoffen kritische Zustände bewirken kann, in denen Fischsterben infolge Sauerstoffmangels möglich ist und in denen ein Rückgang der Artenzahl bei Makroorganismen auftreten kann, sowie gewisse Arten dieser Kleinlebewesen zur Massenvermehrung neigen. Fadenförmige Algen können flächendeckende Bestände bilden.

Kleine Aue: Die kleine Schwester der Großen Aue bringt es auf gut 6 km Länge, die sie mit einem Höhenunterschied von 20 m eben-

Soltau — Partie an der Böhme mit den Fabriken

Bild 21 Zu Zeiten des Betriebes der Ratsmühle an der Böhmheide hatte der Vorfluter, gespeist von der unter der Fabrik heranfließenden Böhme, seine größte Ausdehnung. Das Bild von 1909 zeigt im Hintergrund die Breidingschen Fabrikgebäude.

falls meist versteckt durchfließt. Sie entsteht nordöstlich von Abelbeck und speist in ihrem Verlauf dortige Teiche, auch die bei Bassel, von denen man einige im Bereich der dortigen Brücke über die B 3 sehen kann. 800 m westlich davon mündet die Kleine Aue in die Böhme.

Böhme: Zum Hauptfluß des Heidekreises muß nicht viel gesagt werden. Sie tritt in das Stadtgebiet östlich des Camping-Platzes zwischen Wolterdingen und Huckenrieth ein und verläßt es 20 m tiefer südlich von Marbostel nach etwa 17 km, in denen die Böhme im Leben der Soltauer und ihrer Wirtschaft eine durchaus wichtige und erkennbare Rolle spielte und heute noch spielt. Sie fängt das meiste Wasser des Stadtgebietes auf und sorgt mit ihrem Verlauf für einen geregelten Abfluß. Bei diesen Worten sollten wir allerdings nicht die schweren Regenfälle vergessen, die im Juli 2002, Januar 2008 und April 2018 die Flüsse, auch in Soltau, bis an ihre Grenzen und darüber hinaus gefüllt haben. Als zentrales Entwässerungsorgan Soltaus verwundert es nicht, daß die Böhme im zentralen Stadtgebiet nur der Wassergütekategorie II-III zugeordnet wird (zu deren Merkmalen siehe oben). Der Flußabschnitt zwischen der Brücke hinter Einfrielingen und dem Böhmewald (westlich Winsener Straße, Höhe Berufsschule) und der Ratsmühle südlich der Burg an der Böhmheide fällt in diese Kategorie. Ein weiteres Problem ergibt sich neuerdings aus dem Einfluß des Menschen, durch ihn selbst und seine Viehhaltung. Stichproben im April 2018 ergaben an der Tetendorfer Böhme-Brücke und direkt unterhalb des Klärwerkes den Nachweis von Multiresistenten Keimen.

Die Soltau[1] kommt auf eine Länge von über 7 km mit 26 m Höhenunterschied, dem drittgrößten nach der Großen Aue und der weiter unten beschriebenen Jette. Ein kleiner Wermutstropfen: Die Gewässergüteerhebung weist eine Versauerung des Bachbereiches bei Wiedingen bis hin zum Kuhbachwald aus.

Warum heißt es nun „die" Soltau? Flüsse sind doch oft männlichen Geschlechtes. Demzufolge könnte es „der" Soltau heißen. Klingt aber irgendwie nicht richtig. Bei der Stadt Soltau scheint es klar. Die Stadt ist ein Femininum. Heißt deshalb unser Fluß „die" Soltau? Nein, die Weser, Saale oder Donau sind ja genauso weiblich, wenigstens die Namen. Um die Sache zu verkomplizieren, haben wir ja noch den Rhein: Vater Rhein, „der" Rhein. Eindeutig maskulin, ebenso wie der Main, der Inn oder der Lech.

Zum Geschlecht von Flüssen hier nun die Erklärung der Wissenssendung des WDR, „Newsletter von Leonardo", Rubrik Wissenschaft: Die Frage, warum es „der" und nicht „die" Rhein heißt, hat eine „göttliche" Lösung. Denn während die Germanen ihren Flüssen weibliche Gottheiten zuordneten, wählten die Römer männliche

---

[1] Ergänzende Details können im Beitrag „Die Soltau – das Doppelte Lottchen" über dieses Flüßchen und seinen Namensvetter zwischen Elm und Harz nachgelesen werden. Die Diskussion zur Namensgebung findet man hier: „Soltau vs. Kuhbach"

Bild 22 Luhequelle, ca. 1910: Das Bild zeigt die heute noch vorhandenen Quelltei-che der Luhe. Außer Heide ist kaum Bewuchs zu erkennen. Die Teichszene ist heute so nicht mehr wiederzufinden, da sie im Wald hinter der Autobahn A7 ver-schwindet.

Götter. Deshalb sind im Deutschen die meisten Flüsse weiblich. Der Rhein aber, als Überbleibsel der römischen Zeit, ist männlich. Genau wie eigentlich alle ausländischen Flüsse: Der Amazonas, der Don, der Tiber. Enden die ausländischen Flüsse allerdings auf a oder e, ist der Name im deutschen einem weiblichen Substantiv so ähnlich, daß auch der Fluß den weiblichen Artikel bekommt: Die Rhone, die Seine, die Wolga. Daß im Französischen die Rhone jedoch männlich ist (Le Rhone), ist ein anderes Thema …

Bomlitz: Nicht nur der Ort heißt so, nein, das Fließgewässer ebenso, das südlich von ihm zwischen Borg und Uetzingen an der Kreisstraße 134 in die Böhme mündet. Es läßt es sich auf seinem Weg dorthin nicht nehmen, auf einer Länge von 5,7 km durch Soltauer Gebiet zu fließen und sich 13 m in die Tiefe zu „stürzen". Ihr Entste-

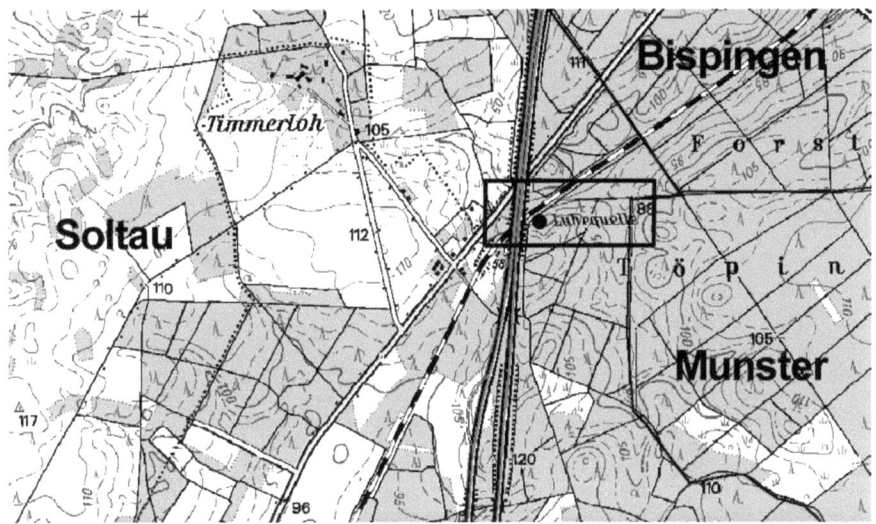

Bild 23 Topografie: Unscheinbar im Grenzdreieck Soltau-Munster-Bispingen entsteht die Luhe hinter der Autobahn bei Timmerloh auf Soltauer Stadtgebiet (siehe Rechteck), vom Parkplatz am Schafstall in Timmerloh zu Fuß nur ein Katzensprung.

hungsgebiet liegt jedoch auf Neuenkirchener Areal in der Riensheide zwischen dem Stichter See und Frielingen.

Warnau: Dieses mehr dem Bomlitzer Gebiet zuzuordnende Gewässer wurde durch die Gebietsreform ebenfalls ein Stück durch Soltau gezwungen. Hat das Stadtgebiet grob erkennbar den Umriß einer nach Westen ausgerichteten, liegenden Cola-Flasche, gibt es trotzdem hier und da kleine Ausreißer, die die Kontur zerfransen. So zeigt im äußersten Zipfel westlich von Eitze ein Finger in Richtung Riepholm, den die Warnau, von ihrem Entstehungsgebiet südlich von Behningen kommend, auf ihrem Weg in Richtung Ottingen durchquert. Das ergibt in der Soltauer Zuständigkeit eine Länge von 1,3 km bei immerhin 3 m Höhenunterschied.

Luhe: Wie eingangs erwähnt, ist ihr Quellgebiet 1977 in Soltau „eingemeindet" worden. Damit befindet sich der offizielle Ursprung nun im Stadtgebiet und zwar im nordöstlichen Zipfel, gewissermaßen in einer Randlage direkt östlich hinter der OHE-Unterführung

45

Bild 24 Luhequelle, heute: Die Quellteiche sind unverändert vorhanden. Allerdings läßt dichter Strauch- und Baumbewuchs den Ort heute eher verwunschen aussehen.

der Autobahn bei Timmerloh im westlichen Bereich der Grenze zwischen Bispinger und Töpinger Forst, Ende des neunzehnten Jahrhunderts noch Voßberg genannt. Allerdings verlassen die Quellwasser die Stadt nach einem gut 600 m langen Gastspiel unauffällig sikkernd im Boden, wobei sie sich nach einem Gefälle von 13 m auf Bispinger Gebiet begeben. Die westlich vor der Autobahnunterführung bei Timmerloh liegende Senke mit dem idyllischen Schafstall bildete früher einen Teil des Einzugsgebietes des Luhe-Ursprunges. Das nach Nordosten in moorigem Grund abfließende Oberflächenwasser im Gebiet des Schnittpunktes von Autobahn 7, Kreisstraße 2 und OHE-Heidebahn markiert einen Teil der Wasserscheide zwischen Weser und Elbe. Zwar erreicht das Wasser der Luhe ebenso die Nordsee, wie etwa das der Großen Aue, die über Böhme und Aller abfließt, aber es nimmt den Weg über die Elbe.

Zum Verlauf der Luhe bei Bispingen schreibt 1922 das Hamburger Wanderbuch in seinem 11. Teil: „Die eigenartige Quelle der

Luhe liegt 1 Stunde südwestlich von Bispingen. Man wandert am besten rechts an den Luhewiesen aufwärts. Wo diese aufhören, setzt sich der Weg anfangs durch Heide, dann durch den Klosterforst, immer dicht bei dem Bache, fort. Jenseits des Holzes verrät stellenweise nur ein grüner Streifen den unterirdischen Bachlauf. Es folgen einige Teiche ohne sichtbaren Zu- und Ablauf, und erst in dem letzten, der in einer kleinen Terrainfalte am Fuße des Voßberges liegt, haben wir die richtige Quelle." Ähnlich klingt es in den 30er Jahren im Reise- und Städteführer „Lüneburger Heide", Band 7, des Burkhardt-Verlages in Kiel: „Das Kirchdorf Bispingen mit seinen 1200 Einwohnern liegt im Quellgebiet der Luhe, die ihren Ursprung etwa 5 Kilometer südwärts an der nach Soltau führenden Straße bei dem Bahnhof Timmerloh hat. Teils unterirdisch fließt das Bächlein durch Heide, Wald und Wiesen nach Bispingen, in ihrem Verlauf mehrere Teiche bildend und speist hier die in sehr idyllischer Lage hergerichtete mit reinstem Quellwasser gefüllte Badeanstalt."

Wietze: Der Fluß, der sich im Wietzendorfer Namen wiederfindet, beehrt das Soltauer Gebiet mit seinem Ursprung auf einer Länge von etwa 2,7 km, wobei bis zur Stadtgrenze 10 m Höhendifferenz durchflossen werden. Auf der Mathheide zwischen Moide und Emmingen sammelt sich das Quellwasser der Wietze, die im weiteren Verlauf westlich an Suroide und durch den Wietzenbruch am Südsee-Camp vorbeifließt, um in Wietzendorf die oben beschriebene Aue aufzunehmen und nach 14 km in Müden in der Örtze aufzugehen.

Die weniger bekannten Fließgewässer sollen hier nicht zu kurz kommen. Neben den Beschriebenen finden wir im Soltauer Stadtgebiet weitere Wasserläufe mit eigenem Namen. Somit kommen wir zum Hambrockbach. Der bei Willingen entstehende Bach verläßt nach 4 km südöstlich von Mittelstendorf das Stadtgebiet und fließt in Bömme in die Böhme. Er bringt es nach der kurzen Strecke auf einen Höhenunterschied von 14 m. Wer den Bach sehen will, begibt

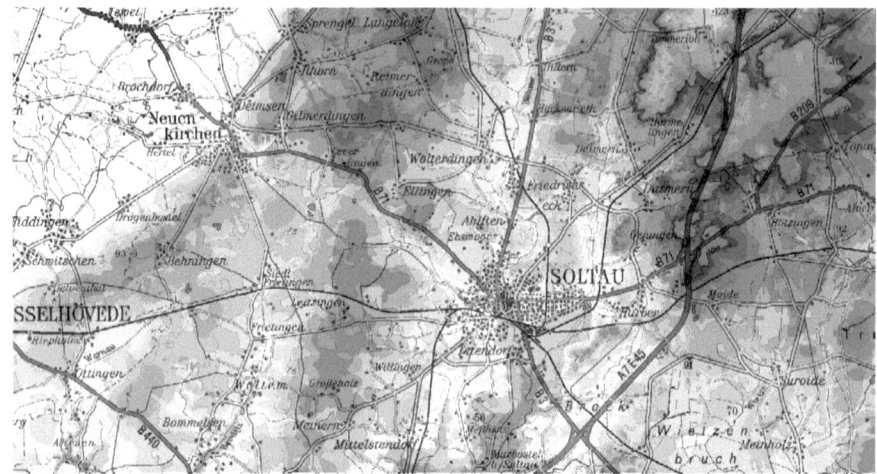

Bild 25 Die hellen Kartenbereiche markieren die Fluß- und Bachniederungen, die
die Geestflächen entwässern. Die höhergelegenen Gebiete werden dunkler darge-
stellt. Nordwestlich von Neuenkirchen fällt das Gelände auf unter 50 Meter ab und
geht in die Wümme-Niederung über.

sich zur Entfernungsmitte der Verbindungsstraße Mittelstendorf -
Meßhausen oder auf der K 143 zur Böhme-Brücke in Bömme.

Vielleicht dem einen oder anderen Leser bekannt, kreuzt der
5 km lange Heidbach, vom 115 m hohen Kreuzberg kommend, die
Kreisstraße 2 in Harmelingen und das zweite Mal östlich vom Heidenhof. Er entwässert Harmelingen, Hambostel, Dittmern, Höpenhof und Heidenhof. Dort speist er die verschiedenen Teiche, um anschließend nach 25 m Gesamtgefälle und knapp 300 m nördlich des
Verkehrskreisels K2/ K9 in die Große Aue zu münden.

Haben Sie schon einmal etwas vom Schwanzbach gehört? Wahrscheinlich nicht. Selbst sein gängigerer plattdeutscher Name
– Steertbeck – dürfte vielen Einwohnern kaum bekannt sein. Vielleicht protestieren hier einige Wolterdinger, denn der Bach verläuft
– durchaus erkennbar – südlich ihres Ortes, nachdem er vorher die
Flächen zwischen Ellingen und Wieheholz entwässert hat. Der normal straßenbenutzende Mensch kann ihn auf etwa halber Strecke in
einem Bruch an der schmalen Nebenstraße zwischen Ahlften und

Wolterdingen entdecken. Er fließt nach knapp 6 km mit ebenfalls 25 m Höhenunterschied zwischen Wolterdingen und der Bundesstraße 3 in die Böhme.

Im Bereich Harber dürfen wir den Mühlenbach nicht vergessen, dessen Quellsumpf, südwestlich der Autobahnanschlußstelle Soltau Ost gelegen, den ehemaligen Mühlenteich südlich der B 71 speist und von dort über Tiegen beim Spiekerhof in die Große Aue mündet. Hierbei überwindet er bei gut 4 km Länge 19 m Höhenunterschied.

Bewegen wir uns wieder nach Westen, finden wir auf Wolterdinger Gebiet mit 2 km Länge den Nordbach, von Reimerdingen herkommend. Er fließt etwa 1 km nördlich des Bahnüberganges der Kreisstraße 24 nach 16 m Höhendifferenz gut 100 m westlich des Hubenkamps in die Böhme.

Bild 26   Die frühere Wassermühle in Harber am Mühlenbach: Etwa 100 m südlich der heutigen Bundesstraße 71 arbeitete die Mühle am westlichen Ende des heute noch vorhandenen Mühlenteiches in Harber. Nach Ende des Betriebes 1959 fehlt hier am Ende des Gerinnes bereits das Mühlrad. Daß frühere Müller auch ein Herz für Vögel hatten, beweisen die Nistkästen am Mühlengiebel. Vielleicht nicht ganz uneigennützig, wird es doch viele Insekten gegeben haben.

Gewissermaßen einen Sonderfall nimmt die Jette ein, die für den kleinen Ort im Süden von Soltau namensgebend wurde. Allerdings liegt Jettebruch auf Dorfmarker Gebiet und gehört damit zu Bad Fallingbostel. Der Jette längster Entstehungsarm, von Avenriep heranfließend, tritt auf insgesamt 800 m Länge dreimal auf Soltauer Stadtgebiet über, während ihr davon nördlich gelegener, von Meinern südlich an Mittelstendorf vorbeikommender, fast vollständig soltauisch bleibt. Erst gut 200 m nordwestlich der bekannten Jettebrucher Gastwirtschaft Meyer vereinigt sich dieser Arm mit dem Avenrieper, um über Jettebruch nach 28 m Gefälle westlich von Bömme in die Böhme zu fließen.

Die hier beschriebenen Fließgewässer und viele unbenannte Gräben und Bäche sorgen seit der zweiten Eiszeit dafür, daß Soltau entwässert wird. Wollen wir hoffen, daß das Prinzip weiter funktioniert und das Stadtgebiet nicht unter zukünftigen Wetterkapriolen leiden wird. Leider hat es das eine oder andere Anzeichen dafür schon gegeben.

Und über Mikroplastik, das das nächste Gewässerproblem darstellt und in die großen Ströme sicher auch über deren Nebenflüsse gelangt, wollen wir hier gar nicht reden beziehungsweise schreiben. Das wird inzwischen – glücklicherweise – von den Medien getan. Hoffentlich wird es gelingen, diese neue Art von Verschmutzung weltweit zu bekämpfen und zu beseitigen. Nun scheint es klar zu sein, wo der Kunststoff bleibt, der die Borsten der Zahnbürsten immer kürzer werden läßt.

Soltau vs. Kuhbach

Das Problem mit der Namensgebung

Noch immer scheiden sich die Geister: Wo heißt das Flüßchen nun Soltau und wo fließt es als Kuhbach zwischen dem Entstehungsgebiet westlich von Wiedingen und der Soltauer Innenstadt? Nach der Sichtung alter und neuer topologischer Karten kann die Diskussion jetzt weitergehen. Über die Jahrhunderte variierten die Bezeichnungen der Abschnitte des Gewässers in ihnen. Unzweifelhaft scheint der Name Soltau zwischen dem Zufluß der Alm-Aue unterhalb von Meyers Föhr und der Vereinigung mit der Böhme an der Ratsmühle zu sein. In den alten Karten wird der Wasserlauf genauso genannt. In Stadtplänen Soltaus von 1931 und 1982 findet sich dort der Name ebenfalls. In der Kurhannoverschen Landesaufnahme von 1775 durch das Hannoversche Ingenieurkorps ist dieser Teil als „Soltau Bach" verzeichnet.

Interessanterweise findet sich in dieser Karte der Begriff „Kuh Bach" nur für den Graben, der etwa 400 m nordwestlich von Hof Pröhl, aus Richtung Hollenmoor kommend, die B71 bei dem dort an der Straße gelegenen Fischteich unterquert und die Soltau – oder den Kuhbach? – im Bereich der Flurstücke An den Fischteichen/ An der Wiedinger Grenze erreicht. Genauso wird die Furt Meyers Föhr in der Landesaufnahme an anderer Stelle verortet. Vergleicht man die Darstellung mit modernen Karten, findet man diesen Ortspunkt beim heutigen Gesundbrunnen am nordöstlichen Rand des Kuhbachwaldes[1], was von dem eben beschriebenen Graben nicht weit entfernt liegt. Wahrscheinlich haben die vermessenden

---

[1] Für die alten Soltauer war und ist dieses Wald- und Bruchwaldgebiet einfach nur der Kuhbach.

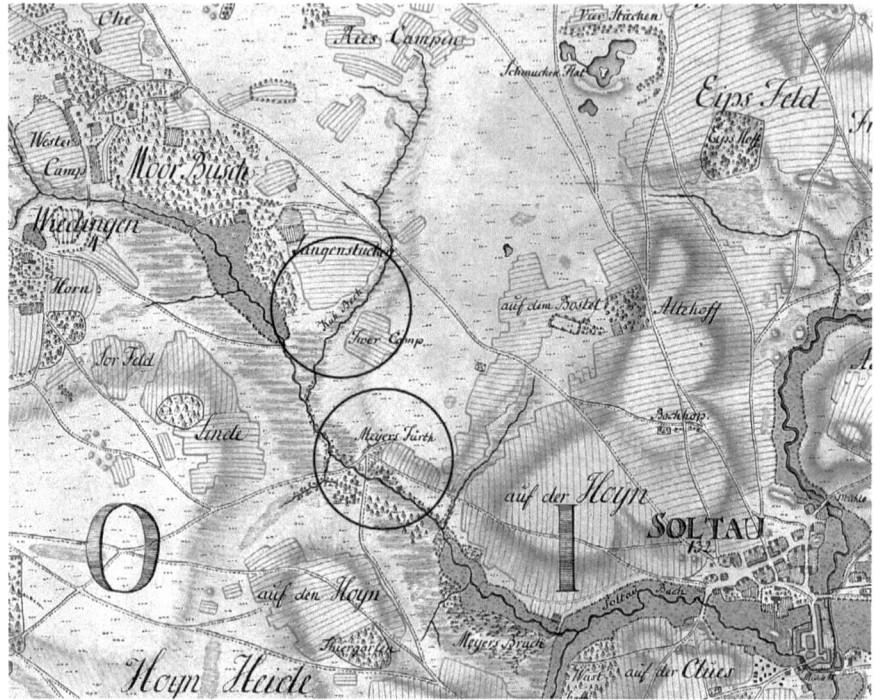

Bild 27 In der Kurhannoverschen Landesaufnahme von 1775 hieß der Graben, der vom heutigen Hollenmoor heranfloß, Kuh Bach (siehe oberer Kreis). Als Meyers Fürth wurde die nicht weit entfernte Stelle beim heutigen Gesundbrunnen bezeichnet (unterer Kreis). Die heutige Furt erkennt man rechts von der Mitte am unteren Bildrand neben dem Zufluß der Alm-Aue.

Offiziere des damaligen Ingenieurskorps auch in diesem Bereich die Gewässerbezeichnungen aus dem täglichen Sprachgebrauch der Anwohner übernommen.

Im Plan aus dem Jahr 1931 taucht der Gewässername Kuhbach erst im Kuhbachwald in Richtung Wiedingen auf. Im Topographischen Atlas von 1837 des Königreichs Hannover und Herzogtums Braunschweig („Papen-Atlas") wird der gesamte Flußlauf ab seinem Quellgebiet als Soltau bezeichnet. Gleiches gilt für die aktuelle Topographische Karte 1:50.000 Niedersachsen/Bremen der Landesvermessung und Geobasisinformation Niedersachsen. Damit könnte

Bild 28 Auch 1964 wurde schon für die Spaziergänger und Wanderer zum Verweilen im Forstort „Kuhbach" gesorgt.

das Thema offiziell geklärt sein. Jedoch kennen die Alteingesessenen die Namensgebung anders.

Die Eltern des Verfassers besaßen seit den Zeiten der Verkopplung in der Seilerstraße einen Garten, zu dessen

Hinweisschild, Bild 28, Mitte rechts:

Der Forstort Kuhbach
Insbesondere die neu gepflanzten jungen Eichen und Buchen werden dem Schutz d. Publikums empfohlen.

Es wird dringend ersucht
auf den Wegen zu bleiben.
Der Magistrat

Bestellung er als Kind „gezwungenermaßen" mitkommen mußte. Glücklicherweise waren Abstecher zu Meyers Föhr zum Kaulquappen- und Stichlingefangen erlaubt. Damals lernten alle Kinder, die dort spielten, daß es in Richtung Teufelsbrücke und Wiedingen Kuhbach hieße und in die andere, am Gaswerk vorbei und unter der Bahnhofstraße hindurch, bis zur Böhme, eben Soltau.

So gibt es durch mündliche Weitergabe aus verschiedenen Quellen Soltaus „unscharfe" Deutungen für die geographischen Punkte am Fluß, an denen die Namen wechseln. Mit der Eingrenzung dieses Areals im Bereich Meyers Föhr – Zufluß Alm-Aue liegt man heute wohl richtig.

Böhmewasser für Soltauer Betriebe und Einrichtungen

Im norddeutschen Flachland hatten Handwerker, die auf die Energie der Naturelemente angewiesen waren, diesbezüglich wenig Probleme. Wo andere über den ständigen Wind schimpften, freuten sich die Müller, bekamen sie diesen Antrieb doch umsonst. Ebenso lieferten Bäche, Flüsse und Seen genug Wasser, um die Kraft der entsprechenden Gefälle auf Mahlwerke zu lenken. Überall fanden sich im vorelektrischen Zeitalter daher Wind- und Wassermühlen, die das Getreide und andere landwirtschaftliche Produkte verarbeiteten. Für die Soltauer Müller boten sich Böhme und Soltau an, um an ihnen ihre Mühlen zu bauen und zu betreiben. Allerdings waren sie nicht die einzigen Handwerker, die auf ausreichende Wasserversorgung angewiesen waren. Die Gerbereien benötigten Wasserstände, die das Gerben und Wässern von Fellen und Häuten ermöglichten. So bestanden im Laufe der Zeit am nur achthundert Meter langen Flußlauf der Böhme zwischen der Wald- und Ratsmühle mehrere Betriebe dieser Art, die die Pegel genauso im Auge behalten mußten, wie die Müller. Mit der Errichtung der Soltauer Fabriken entstanden weitere Verbraucher, die größere Mengen an Wasser entnahmen.

Die Geschichte der alten Soltauer Wassermühlen läßt sich bis zum Anfang des fünfzehnten Jahrhunderts zurückverfolgen. Zwar ist bereits in der Schenkungsurkunde Ottos des Großen, mit der der Königshof Soltau (Curtis Salta) im Jahre 937 an das von ihm gegründete Frauenkloster Quedlinburg überging, von Mühlen die Rede, aber dabei soll es sich um urkundlichen Standardtext handeln, wie er seinerzeit üblich war.

Die Spuren der Soltauer Wassermühlen sind heute noch unübersehbar. Ein Teil der ehemaligen Wenser und späteren Waldmühle beherbergt am Mühlenweg die Stadtbibliothek. Da Soltau in früheren Jahrhunderten eine Tuchmacherstadt war, arbeitete sie nicht nur als Getreide- und Ölmühle, sondern auch als Walkmühle der Lakenmacher. In ihren letzten Betriebsjahren erweiterte sie ihr Besitzer August Wilhelms zur „Mühlenbauanstalt", der bis nach dem zweiten Weltkrieg noch Mühlenbauer ausbildete, wie den ältesten Sohn Heinrich des Auktionators Heinrich Kruse. Er wanderte später mit seiner Familie nach Australien aus, wo er in Sydney eine moderne Weizenmühle aufbaute und betrieb.[1] In der Ratsmühle an der Böhmheide, in der Getreide und früher Öl gemahlen wurde, befand sich lange Jahre Plagges Laden für landwirtschaftliche Produkte. Heute steht das Gebäude leer und verfällt.

Um für den Antrieb der Mahlwerke beständige, kraftvolle Wasserflüsse sicherzustellen, wurden seinerzeit Wehre gebaut, die als

Bild 29 Die alte Wenser oder Waldmühle am Mühlenweg. Der vordere Bau wurde vor einigen Jahrzehnten durch ein Wohnhaus der Reits ersetzt (Möbel-Reit). Anschließend wurde es ein Hotelbetrieb. Das Gebäude hinter der Brücke ersetzte später ein Mühlenneubau, heute die Stadtbibliothek mit Künstlerwohnung.

---

[1] Siehe Bild 108.

kleine Stauseen flußaufwärts die Mühlteiche oder Vorfluter entstehen ließen. Gegenüber der Stadtbibliothek, neben dem Neubau, der jetzt das Gaucho-Steakhouse und Hotel „MyLord" (vormals Café des Bäckers Harms, davor Café des Müllers Wilhelms), verlandet das Wasserreservoir zwar langsam, ist aber noch deutlich zu erkennen. Der Wasservorrat für den Müller wurde durch die Böhme ergänzt, die bis zur Knickskuhle am Ende des Freibades breiter und tiefer als heute in die Versorgung der Mühle einbezogen war. Im Gegensatz zum später als Studienprojekt gebauten und heute zum touristischen Blickfang gewordenen Mühlenrad besaß die Waldmühle zuletzt einen Turbinenantrieb, der horizontal angeordnet war und in den das Wasser von oben hineinschoß.

Bild 30   Ein Blick von hinten auf die Ratsmühle an der Böhmheide in den zwanziger Jahren des vorigen Jahrhunderts. Im Anbau links neben dem Mühlenwehr befand sich der Antrieb für die Getreidemühle, im rechten der der Ölmühle. Im größeren weißen Anbau des linken Mühlengebäudes wurden bereits damals Gasmotoren eingebaut, die einen Teil der gleichzeitig auch moderner werdenden Getreidemahlwerke antrieben. Zwischen den Mühlengebäuden ist im Hintergrund das Werkstattgebäude der Lohgerberei Meyerhoff zu erkennen, das, bis auf seine Dachgestelle zum Trocknen der Felle, bis heute äußerlich weitgehend unverändert geblieben ist.

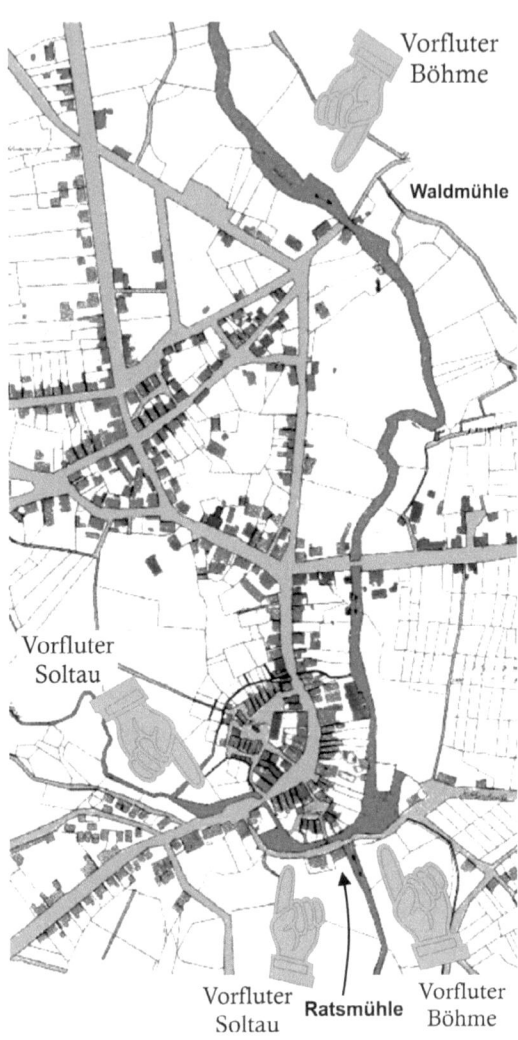

Vorfluter Böhme

Waldmühle

Vorfluter Soltau

Vorfluter Soltau Ratsmühle Vorfluter Böhme

Bild 31 Oberhalb der Waldmühle bot die Böhme, wie auf dieser Abbildung zu sehen ist, mit ihrer Breite ein großes Wasserreservoir. An der Rats- mühle sind die großen Vorfluter an der Böhmheide und die der Soltau an der Walsroder Straße zu erkennen.

Die Ratsmühle erhielt ihr Wasser aus zwei Bereichen. Der Teil der nordöstlich heranfließenden Böhme neben der vor einigen Jahren abgerissenen Kinderbewahranstalt (dem früheren städtischen Kindergarten), gegenüber der heutigen Polizei gelegen, bildete eine Hälfte der Wasserrückhaltung[1]. Dieser Bereich erschien dem Maler Friedrich Einhoff interessant genug, um ihn 1959 als Winteridyll festzuhalten. Ein weiteres Reservoir verbreiterte die Soltau zum Vorfluter an der Ecke Böhmheide – Charlottenstraße, hinter der nicht mehr vorhandenen Möbeltischlerei Pönisch. Dieses Areal liegt jetzt gegenüber der Gaststätte „Milljö". Nachdem die Firma Breiding als Betreiber dieser Mühle ihren Betrieb in den siebziger Jahren des vorigen Jahrhunderts eingestellt hatte, wurden beide Berei-

---

[1] Siehe auch Bild 21.

che verfüllt und im Rahmen der Stadterneuerung in den Ausbau der Böhmheide einbezogen.

Daß die Soltauer Mühlen heutzutage nicht mehr in Betrieb sind, erkennt man an den Veränderungen, die sich an den beiden Flüssen eingestellt haben. Der jetzige Zustand der langsam dahinfließenden Böhme im Böhmepark, mit ihrer geringen Breite und Tiefe, läßt kaum vermuten, daß der Großvater des Verfassers, der Lohgerbermeister Wilhelm Meyerhoff, hier früher mit Rettungsbooten, die er gebraucht in Hamburg gekauft hatte, Fischfang betrieb! Auch im

Bild 32   Im Jahre 1959 erkennt man noch die zwei Bereiche der Böhme und Soltau, die Vorfluter für die Ratsmühle bildeten. Hier zu sehen oberhalb der linken Bildrandmitte (Bereich Burg) als Teil der Böhme und unterhalb der Bildmitte am Ende der Soltau gegenüber des Abzweiges der Charlottenstraße.

letzten Teilstück der Soltau an der Ratsmühle, vor ihrer Einmündung in die Böhme, läßt sich die Verflachung heute erkennen.

Anders sah es zu Zeiten des aktiven Mühlenbetriebes aus. Die hohe Wasserentnahme, die mit einem kräftigem Nachfließen des Böhmewassers verbunden war, riß alle Schwebstoffe mit, so daß sich kein Schlick ablagern konnte und der Fluß seine Tiefe behielt. Um durch erhöhte Fließgeschwindigkeit die Ablagerungsgefahr weiter einzudämmen, wurden regelmäßig die Wasserüberfälle vollständig geöffnet, was zu einem schnellem Leerfließen der entsprechenden Flußabschnitte führte und bis zum Schließen der Wehre nur kleine Rinnsale übriglieẞ. Allerdings gab es nach schweren Regenfällen genauso Überschwemmungen. Wenn das Wasser an der Ratsmühle nicht schnell genug abfloß, überflutete die Wilhelmstraße manchmal bis zu Thierbachs Ecke. Nach Erneuerung des Wehres und des entsprechenden Teiles der Böhmheide an der Ratsmühle vor etwa fünfzig Jahren trat dieses Problem lange Zeit nicht mehr auf. Das mag sich zukünftig mit dem Klimawandel verschlimmern, wie die Hochwasser der neueren Zeit im Soltauer Stadtgebiet und anderen Teilen des Kreises zeigten.

Daß das Böhmeufer immer in bestem Zustand blieb, kontrollierte der frühere Leiter der Ratsmühle, Carstens aus der Feldstraße. Genau hinschauen mußte er im Bereich an der Mühlenstraße. Der damals dort ansässige Obergärtner Wedekink neigte dazu, die Pflanzenabfälle seiner Gärtnerei am Ufer abzuladen, was zu einer schleichenden Vergrößerung seines Grundstücks und einer Verschmälerung des Flusses geführt hätte.

Die nutzungsbedingte kräftige Wasserbewegung ermöglichte auch die Einrichtung des ersten öffentlichen Freibades, das 1902 unmittelbar unterhalb der Waldmühle eingeweiht wurde. Dort herrschten Strömungsverhältnisse, die der Böhme einen tiefen Bereich bescherten, so daß später sogar ein Sprungbrett mit drei Metern Höhe errichtet werden konnte. Gleichzeitig besaß das Gewässer eine erheblich größere Breite, die das Schwimmen von längeren

Bild 33 Die erste Soltauer Badeanstalt von 1902 an der Waldmühle. Blick von der Böhme-Brücke flußabwärts auf das dazugehörige Gebäude am Ostufer, in dem auch Wannenbäder angeboten wurden. Im Hintergrund Haus Nr. 22, Winsener Straße (Ecke Böningweg).

Bahnen erlaubte. Die Badeanstalt diente deshalb bis 1948 als Erholungs- und auch Sportstätte.

Am schon beschriebenen gezielten Entleeren der Böhme wird deutlich, daß die effektive Nutzung des Böhme- und Soltauwassers eine gewisse Koordination erforderte. Eine entsprechende Abstimmung der beteiligten Parteien mußte deshalb die Verfügbarkeit des nützlichen Nasses sicherstellen. Welcher Gerber sah seine Felle gerne im Sand oder Schlamm auf dem Flußgrund liegen oder bei zu hohem Wasserstand wegschwimmen? Die Stauhöhen, die die Gerber daher verlangen konnten, wurden mittels kupferner Nägel, den sogenannten Staunägeln, an Pfählen markiert.

Folgen wir dem Flußlauf, an der Waldmühle beginnend, treffen wir zuerst auf die Gerberei der Lohgerber Müller und Stiba am Badeweg. Das Haus des heutigen Bestattungsunternehmens Wellner an der Mühlenstraße diente den Müllers als Wohnung. 1901 brannte das alte Gerbhaus an der Böhme ab. Danach wurde der Be-

trieb eingestellt, was die Mitglieder des 1882 gegründeten Bade-
vereins Poseidon gefreut haben dürfte, die ein paar Jahre vorher
anläßlich einer Wiederaufnahme des Gerbereibetriebes gegen die
Verschmutzung der Böhme protestiert hatten. Später übernahm die
Stadt Soltau und nach dem Zweiten Weltkrieg der in der Marktstraße ausgebombte Tischlermeister Heinrich Wellner das Anwesen.
Vor der Einrichtung des Minigolfplatzes stand der Abriß des im
Volksmund „Schloß am Meer", auch „Rattenburg" genannten, nach
dem Brand seinerzeit wiederaufgebauten Gebäudes. Hinter dem
ehemaligen Gästehaus Margret (heute „Dat Greune Eck"),
flußabwärts neben der Brücke, sind noch heute die Fundamente zu
sehen. Poseidons kleine Badeanstalt lag flußabwärts an der Hölle[1].
Heute schlummert dort der Teich in der S-Kurve der Böhme, der
zusammen mit dem Böhmepark angelegt wurde. In diesem Bereich
befand sich seinerzeit die Gerberei Barenscheer (vormals Ripke),
geführt vom Bruder des Schmieds Barenscheer an der Wilhelmstraße.

Bild 34 Der Blick von der Böhme-Brücke in der Wilhelmstraße auf die Fabrik: Rechts im Vordergrund
das ehemalige Werkstattgebäude der Lohgerberei
Eggers, rechts dahinter das frühere Gerbhaus der
Gerberei Springhorn an der Marktstraße.

Der dritte Hand-
werksbetrieb, der sich
im neunzehnten Jahr-
hundert mit der Ver-
arbeitung von Fellen
und Häuten beschäf-
tigte und dazu Fluß-
wasser benötigte, hatte
sich neben der Brücke
an der Wilhelmstraße
angesiedelt. An dieser
Stelle konnten vorher
die Soltauer Schuster
selbst ihr eigenes
Schuhleder gerben.

---

[1] Siehe *Bild 20*, Badeanstalt Poseidon.

Bild 35 Die alte Badeanstalt an der Waldmühle im August 1929: Der Blick geht in Richtung Badeweg, in dessen mit Sand versehenem Spiel- und Sportbereich sich die Mittelschulklassen mit Rektor Baurichter für ein Sportfest in Positur gestellt haben. Der im Wasser schwimmende Spielbalken trug den Namen Anton und mußte nach starken Regenfällen schon mal von der Ratsmühle mittels Ruderboot zurückgeholt werden.

Das Haus, das heute die Löwen-Apotheke beherbergt, diente dem Gerber Eggers als Wohnhaus. Zur Böhme lag der Hof mit den Lohgruben, bei dessen späterer Bebauung die Fundamentrammung für den Geschäftspavillon (Maler Strietzel) zwischen Parkplatz und Fluß durch das noch vorhandene alte Grubenholz getrieben wurde.

In der Marktstraße 6 stand neben dem Wohnhaus die Lohscheune des Lohgerbermeisters Springhorn, einem Enkel des Gastwirtes Johann Dietrich Springhorn von der Bult am Bullerberg. Alle wasserabhängigen Tätigkeiten führte er an der Böhme auf dem gegenüberliegenden Grundstück aus, das sich lang von der Marktstraße bis an den Fluß hinunterzog, was ihm ebensolange – heute würde man sagen – innerbetriebliche Transportwege einhandelte. Ein paar Meter die Straße hinunter, gegenüber des Hagen-Einganges, residierte der Weißgerber Friedrich Müller (Teil des Anwesens Marktstraße 17, ab ca. 1875 Kürschnermeister H. Haase, heute Lederwarengeschäft). Sein Grundstück reichte schräg verlaufend bis an den alten Stadtgraben kurz vor seiner Einmündung in die Böhme. Inwieweit er dort tatsächlich Pelze herstellte, ist nicht überliefert.

Die zwischenzeitlich größte Soltauer Gerberei mit ihrer Produktion feinen Leders agierte dort, wo später das Haushaltswarengeschäft Konrad (danach Begemann) an der Marktstraße ebenso feines Porzellan anbot. Der aus der 1842 geschlossenen Ehe der Emilie Röders mit dem Sohn des Lohgerbermeisters Georg Heinrich Meyer hervorgegangene Sohn erweiterte seinen als „Soltauer Lederwerke" firmierenden Betrieb noch um 1911. Dieser besaß ein Maschinenhaus mit hohem Schornstein. Ein altes Stadtpanorama zeigt das Gebäude, das aus den weithin leuchtenden weißen Sandsteinziegeln bestand, wie sie Wiegels Brennerei an der Celler Straße herstellte (heute Gelände der Firma „hagebau"). Die Gerberei brannte 1913 allerdings ab und stellte ihren Betrieb ein. In der Folge wurden die Lohgruben ausgegraben und von anderen Gerbereien weiterverwendet, so durch die der Gebrüder Meyerhoff auf der Burg. Sie übernahm zwei runde Exemplare, die aufgrund ihrer Größe schwimmend über die Böhme zum Ort ihrer neuen Verwendung auf der Burg verbracht wurden. Später betrieb die Familie des Gerbermeisters Ernst Cronacher in der Marktstraße 31 bis in die 1950er Jahre einen Handel für Häute, Felle und Leder. Unter anderem bekam man dort nach Maß angefertigte Westen aus Eisbärfellen.

Nachdem er sich 1847 selbständig gemacht hatte, übernahm der Firmengründer Christoph Carl Meyerhoff (der Ururgroßvater des Verfassers) 1852 das Anwesen der Benien auf der Burg 5 (Nr. 29 in der damals üblichen Durchnummerierung der Wohnhäuser). Als letzte der Soltauer Gerbereien nutzte sie das Wasser bis in die siebziger Jahre des vergangenen Jahrhunderts genau am Zusammenfluß von Böhme und Soltau, so daß man nicht sagen konnte, ob es nun aus dem einem oder dem anderen Fluß entnommen wurde. 1945 durch die Kürschnerei ergänzt, feierte dieser alte Handwerksbetrieb dort 1997 sein 150jähriges Bestehen.

Bereits 1954 war die Wasserqualität der Böhme in einem Zustand, der die Förderung des zum Färben erforderlichen Brauchwassers durch die Filzfabrik der Gebrüder Röders AG aus Tiefbrunnen notwendig machte. Später reichten dafür zwei Brunnen an der Celler Straße im Bereich der Hausnummern zwei und vier, die eine Tiefe von sechsundvierzig Metern hatten. Der letzte Betrieb überhaupt, der Wasser für seine Zwecke entnahm, war die Bettfedern-

Bild 36 Hier spielt der Hintergrund die Hauptrolle: Es handelt sich um das ehemalige Gebäude, das nach dem Brand des alten Gerbhauses der Lohgerberei Müller und Stiba erneuert am Badeweg stand (siehe auch Bild 19). Um die Soltauer Wohnungsnot zu lindern, wurden darin ab etwa 1918 mehrere Wohnungen geschaffen. Später mußte es dem Minigolfplatz und der Pension Margret weichen (heute „Dat Greune Eck").
Die am 3. Juli 1934 davor in der alten Badeanstalt posierenden sportlichen Herren sind von links nach rechts: Horst Mackenthun (Bahnhofstraße), Heinrich Meyerhoff (Burg), Adolf Pröger (Neue Straße), Fritz Heise (Drogist, Walsroder Straße) und Hans Fischer (Seilerstraße).

fabrik Carl Breiding & Sohn. Bis Anfang 1998 wurden dort Federn mit dem Böhmewasser gewaschen. Aufgrund seiner schwankenden Qualität stellte die Fabrik auf Brunnengewinnung um. Der dann hauptsächlich genutzte Brunnen lag im Bereich des erwähnten früheren Kindergartens auf dem Grundstück der Firma an der Böhmheide.

Eine zwar unsichtbare, aber um so wichtigere Rolle spielen die Böhme und die Soltau nach wie vor im Untergrund. Mit ihrem Wasserstand halten sie das Grundwasser auf dem entsprechenden Pegel. Da viele Gebäude der Innenstadt, wie große Teile der Fabriken, auf Holzpfählen errichtet sind, dürfen diese unter keinen Umständen für längere Zeit trockenfallen. Unter Sauerstoffzufuhr würde das Holz schnell verrotten, so daß es die Last der auf ihnen stehenden Mauern nicht mehr tragen könnte. Aus den Zeiten, als die Ratsmühle noch arbeitete, stammte das Staurecht, das Breiding als Besitzer der Mühle besaß. Noch heute muß darauf geachtet werden, daß mittels des Ratsmühlenwehres an der Böhmheide der notwendige Wasserstand gewährleistet wird.

Im direkten wirtschaftlichen Sinn sind die beiden Soltauer Flüsse für die Betriebe im Stadtgebiet heute bedeutungslos. Allerdings spielen sie für das Stadtbild, die Umgebung und damit für das Touristenaufkommen eine wesentliche Rolle. Prägen sie doch entscheidend die städtischen Grünbereiche, die sich mit dem Böhmewald und Böhmepark, dem Neuen Hagen und dem George-Lemoine-Platz an die Flußläufe anschmiegen. Der Dank dafür gebührt letztendlich der zweiten Eiszeit, die ihre Flußrinnen und Sandrücken so hingeschoben hat, daß Soltau genau dort entstehen konnte, wo sich seine beiden Flüsse zwischen den Heidehügeln friedlich vereinen.

Das Wunder im Magen

Was haben die Wiesen am Soltauer Böhmewald mit der Verdauung zu tun? Zunächst mag diese Frage seltsam anmuten. Hat man aber das Glück, Eltern zu haben, deren Vorfahren noch das Wissen über die Hausmittel zur Linderung der verschiedenen Wehwehchen weitergaben, bekommt die Frage einen Sinn. Zwar gab es früher schon Apotheken, dennoch wurde die Natur noch direkt genutzt, um im Vertrauen auf die über die Jahrhunderte erwiesene Wirkung von natürlichen Heilmitteln sich und seinen Mitmenschen zu helfen.

Dem Autor dieser Zeilen kam diese Kenntnis einmal sehr zu Hilfe. Hatte er doch am Abend zuvor gefeiert und wie das als junger Mensch so sein kann, kräftig einen über den Durst genommen. Wäre es ihm wenigstens gelungen, den Tag danach vollständig zu verschlafen. Aber nein, neben den vergeblichen Denkversuchen und schnellen Drehungen des Schlafzimmers um das Bett – um alle drei Achsen, versteht sich – verschlimmerte auch noch eine gewaltige Magenverstimmung den Zustand des ohnehin darniederliegenden Corpus alcoholicus.

Nun traten die Eltern auf die häusliche Bühne und meldeten dem Sohn, daß sie selbstverständlich etwas gegen seine Magenmisere hätten, aber den Kopf müßte er schon allein klarbekommen. Immerhin, man war dankbar für jede Hilfe und so wurde sie angenommen, ohne weiter über das Kommende nachzudenken. Dieses erschien unscheinbar in Form einer Tasse mit einem heißen, undefinierbar grünen Inhalt, der sich äußerlich als Tee darstellte. Ob er in jenem Moment vom Leidenden auch innerlich als Tee verstanden wurde, ist nicht überliefert, denn nach dem ersten Schluck entstand in seinem Mund ein Geschmacksorkan, der andere Medizin wie süßen Nektar erscheinen ließ. Die vorsichtige Anfrage, ob das Getränk denn wirklich vollständig konsumiert werden müsse – so schlecht ging es einem doch gar nicht – wurde nur mit strengem

Bild 37 *In den hier nach rechts verlaufenden Wiesen an der Böhme konnte man noch in den 1970er Jahren den Bitterklee finden. Auf dieser alten Postkarte sieht man im Hintergrund die Villa von Willi Röders in Einfrielingen.*

Blick beantwortet. Also blieb keine andere Wahl, als diese extreme Steigerungsform von Bitterkeit, die sich mit Mutters harmlosen Trinkgefäß tarnte, zu akzeptieren. In kleinsten Schlucken wurde das Gebräu in den Magen befördert, hoffend, daß es so gut helfe, wie es schlecht schmeckte.

Und das Wunder passierte! Gar nicht lange, nachdem die Magenwände von dem Gebräu benetzt waren, stellte sich eine rapide Besserung der bäuchlichen Verstimmung ein. Sie war nach kurzer Zeit verschwunden und die Verwunderung beim Betroffenen enorm.

Ob des positiven Effektes neugierig geworden, ergab eine eher kleinlaute Nachfrage, daß es sich bei dem Trank um reinen Tee aus den Blättern des Bitterklees handelte, seinerzeit vom Vater höchstpersönlich in den Böhmewiesen am Halifax gesucht, gefunden und zu Hause getrocknet.

Die weitere Nachforschung förderte ebenso die Bezeichnungen Dreiblättriger Fieberklee, Zottenblume, Dreiblatt oder Wiesenmangold zutage oder, lateinisch präzise, Menyanthes trifoliata. Die Enzianpflanze ist eine alte Bekannte der Kräuterkunde und wird auch kommerziell in verschiedenen Naturheilmitteln eingesetzt. Sogar im Verbund mit Alkohol kommt sie daher. Jeder kennt wohl die kleinen, braun eingewickelten Flaschen mit dem hochprozentigen Magenbitter, der so fürchterlich schmeckt, wie der beschriebene Tee, aber ähnliche Heilwirkungen hat. Man sollte nur nicht meinen, eine Kur damit machen zu müssen.

Bild 38   Bitterklee

Wat tum Högen

Eine Frau verlangt bei ihrem Kaufmann 2 Pfund Sago. Der Kaufmann sagt: „Gern, liebe Frau, aber das heißt jetzt Kilo." — Meint die Frau: „Wie bitte? Dann geben Sie mir 2 Pfund Kilo!"

Die Gerberei der Gebrüder Meyerhoff in Soltau

Unter einer Tischlerei oder Schlosserei können sich viele etwas vorstellen. Die Arbeitsgänge sind bekannt. Fräsen, Hobeln oder Schweißen kennt ein jeder. Was hingegen in Gerbereien passiert und welche Gerätschaften und Methoden dort eingesetzt werden, um Häute und Felle zu feinen Pelzen und Ledern zu wandeln, die mit den verschmutzten, nassen und teilweise blutigen Ausgangsprodukten, wie sie von Schlachtern, Wildhändlern und Jägern angeliefert werden, kaum noch Gemeinsamkeiten aufweisen, gehört weniger zum Allgemeinwissen.

Von den verschiedenen Gerbereien, die in Soltau ansässig waren, sollen hier die Einrichtungen der letzten, bis in die siebziger Jahre des vergangenen Jahrhunderts existierenden Lohgerberei der Gebrüder Meyerhoff auf der Burg betrachtet werden. Der Firmengründer Christoph Carl Meyerhoff siedelte sich mit seinem Betrieb 1852 auf dem Anwesen der Benien, Burg 5, an; später erweitert durch die Nummer 3. Seine beiden Söhne blieben dem Handwerk treu. Carl wurde Lohgerber und Wilhelm Lohgerbermeister. Letzterer hatte sieben Kinder, darunter wiederum zwei Söhne mit Namen Carl und Wilhelm. Auch diese wurden Lohgerber bzw. Lohgerbermeister. Die Generationenfolge geht ähnlich weiter. Aus der Ehe des eben genannten Wilhelm Meyerhoffs mit der Tochter Helene des Schuhmachers Wilhelm Meyer aus Wietzendorf gingen drei Söhne und eine Tochter hervor. Heinrich (heute Rosenstraße 17) und Wilhelm (im Zweiten Weltkrieg gefallen) wurden Lohgerber. Hans (1967 verstorben) erlernte das Kürschnerhandwerk und legte darin seine Meisterprüfung ab. Ihre Schwester Thea heiratete 1939 den späteren Obersteuerrat Hermann Eggers. Wie man sieht, betrieben über drei Generationen jeweils zwei Brüder das Geschäft, daher der Name dieser Firma. Bis zur Geschäftsaufgabe betrieb das Pelzgeschäft Hans Meyerhoff jun., ebenfalls Kürschnermeister und Sohn des oben genannten Hans. Sein Cousin, der Autor dieser Zeilen und Sohn des Heinrich Meyerhoff schlug, aus der Art, indem er schon

Bild 39 Das Bild aus den zwanziger Jahren des vorigen Jahrhunderts zeigt die beiden Häuser Burg 3 (links) und 5 (rechts). Sie beherbergten in der abgebildeten Form bis 1931 die Gerberei der Gebrüder Meyerhoff. Der rechte Teil wurde dann von Wiegels umgebaut und später mehrfach zum Pelzhaus vergrößert. Der linke Teil blieb weitgehend unverändert erhalten (später Malermeister Burmester). Auf dem Dachboden des linken Hauses lagerte Heu und Stroh für den Winter, im Frühjahr Borke für die Loheherstellung. Auf dem Rechten wurde Schnuckenwolle zwischengelagert. Bei den jungen Damen, die links aus den Fenstern schauen, handelt es sich um die Töchter Anni und Luise des Lohgerbers Carl Meyerhoff. Aus dem mittleren Fenster schaut unter anderem das damalige Hausmädchen Luise Kühne.

frühzeitig Radioapparate auseinandernahm und später Nachrichtentechnik studierte.[1]

Die in der hier vorgestellten Gerberei angewandten Verarbeitungsverfahren sowie die eingesetzten Werkzeuge und Maschinen hatten sich lange über die Jahrzehnte erhalten. Neben dem für die Pelzgerbung verwendeten Alaun, einem Kalium-Aluminium-Sulfat, das die chemische Industrie lieferte, produzierten die Gerber einen Teil der Hilfsmittel, die sie für ihre Tätigkeit benötigten, ursprüng-

---

[1] Siehe Beitrag *Vom Kind zum Studium*

71

lich selbst. Zur Herstellung der Gerblohe mahlten sie die erforderlichen verschiedenen Arten von Baumrinde. Tannenlohe für die Herstellung von speziellen Lederarten ergänzte die bekannte Eichenlohe. Die Soltauer Betriebe dieser Handwerkszunft erhielten die Eichenrinde hauptsächlich aus den Lohwäldern des Amelinghauser Raumes. Hartgetrocknet wurde sie wie Stroh gebündelt und mit Pferdefuhrwerken angeliefert. Astrinde war wertvoller als Stammrinde, da der Gehalt an Gerbstoffen höher war.

Die Lohe entstand in zwei Arbeitsgängen im Rindenschneider und in der Lohmühle. Bis zur Umstellung auf elektrischen Antrieb um 1925 wurden beide Maschinen von einem im Lohndienst arbeitenden, auf Bostelmanns Hof an der Rosenstraße stationierten Dampflokomobil des damaligen Soltauer Bauunternehmens Werner-Bostelmann angetrieben. Im Einsatz stand es in der Burgecke vor dem Anwesen Nummer 3 und trieb über einen langen Riemen die Transmission an, die wiederum den Schneider und die Mühle arbeiten ließ. Der Rindenschneider befand sich auf dem Dachboden des Anbaus der Nummer 3, die Lohmühle daneben. Ihr Abfülltrichter hing darunter im alten Pferdestall. Die nach dem Schnitt wie grober Tabak daherkommende Rinde wurde der Mühle nach kurzer, verfahrensbedingter Zwischenlagerung manuell von oben zugeführt. Im Mahlwerk drehte sich mit hoher Geschwindigkeit ein eisernes Rad von einem Meter Durchmesser und einer Dicke von gut einem Zentimeter. Es war ebenso wie der Radkasten mit Noppen besetzt. Zwischen beiden wurde der Rindenschnitt zu Lohe gemahlen. Im Trichter darunter in Säcke gefüllt, wanderte sie anschließend ins Lohlager. Der entsprechende Gebäudeteil[1] existiert heute noch, wie alle anderen dieses alten Betriebes. Er wird jetzt als Lager vermietet.

Um Verstopfungen des Verdauungstraktes durch Lohstaub vorzubeugen, schützten die Gerber beim Mahlen ihre Mund- und Nasenöffnungen mit Mullbinden, die mit Zitronensaft getränkt und

---

[1] Siehe Bild 46

Bild 40   Solide steht hier im Bild aus den 1930er Jahren die alte Holzbrücke, die die Burg mit der Böhmheide verband. Im Hintergrund in der Mitte stand das Wohnhaus des Tischlers Weyermann, das am 17. April 1945 abbrandte, ebenso wie Schlachter Vielguth dahinter. Im Weyermannschen Werkstattgebäude (hier nicht sichtbar), das verschont blieb, befindet sich heute ein italienisches Restaurant.

Die Früchte der Fliederbeerbüsche am Soltau-Ufer im Meyerhoff'schen Garten (rechts im Bild), der bis zur späteren Ladenerweiterung des Pelzgeschäftes zur Versorgung des Haushaltes beitrug, ergaben immer einen leckeren Saft, der auch beim Verfasser in der Rosenstraße gerne getrunken oder im Sommer als Fliederbeersuppe konsumiert wurde.

mittels Masken aus Bleigitter gehalten wurden. Das weiche Metall ermöglichte das einfache Anpassen an die Gesichtsform. Mit der Umstellung der Gerbung auf Gerbextrakte aus vorwiegend südamerikanischen Hölzern konnte die aufwendige Vorbereitung der Rindenlohe noch vor dem Zweiten Weltkrieg aufgegeben werden.

Die in der Naturmedizin bekannte Heilwirkung der Lohe war seitdem in der althergebrachten Form damit allerdings nicht mehr nutzbar. Hatten viele doch bis dato für die Behandlung von Milchschorf bei Kleinkindern oder für Hautkrankheiten bei Nutztieren die Lohe kostengünstig aus der Gerberei geholt, um selbst Lohbrühe zur Behandlung der betroffenen Hautpartien zuzubereiten.

Jetzt zur Theorie: Die Eichenlohgerbung wurde für Geschirrleder aus Bullen- und Rinderhäuten angewendet. Da die Geschirre üblicherweise schwarz sein sollten, wurden die Leder nach Beendigung des Gerbvorganges und kurz vor der vollständigen Trocknung entsprechend gefärbt. Hierzu breitete man sie auf Tischen aus und tränkte sie mit speziell behandelter Lohbrühe. In Verbindung mit Eisen bildete diese Inhaltsstoffe, die zusammen mit den Gerbstoffen im Leder eine tiefeindringende schwarze Färbung ergab. Für diesen Zweck stand immer eine mit Lohbrühe aufgefüllte Tonne mit Alteisen bereit. Aus der Gerbung mit Eichenlohe stammte auch das Protesen-, Futter- und – in geringerem Maße – das Hausschuhleder aus Ziegen- und Kälberhäuten (beides haltbare Sorten); diese Lederarten ebenso aus Schaf-, Hirsch- und Rehdecken (diese weniger haltbar) gefertigt. Für die Herstellung von sogenanntem Fahlleder aus Rinder- oder Kuhhäuten, das besonders für die Anfertigung von Stiefeln und groben Industrieschuhen geeignet war, mischte der Fachmann die körnige Tannen- mit der faserigen Eichenlohe. Um Trommelfelle aus Kalbsleder zu bekommen oder Nähleder für Dreschflegel und Treibriemen aus Wildschweinhäuten, gerbte man früher bereits im Alaunbad, was eine größere Haltbarkeit hervorbrachte.

Die Gerberei lebte schon immer von der Lagerung. Neben den Lagerbereichen für die Lohe wurde in einem Raum des oben erwähnten Gebäudeteiles Salz verwahrt, mit dem Rohfelle und –häute eingesalzen wurden, um ihnen das Wasser zu entziehen und sie vor dem Verfaulen zu bewahren. Das per Bahn bezogene Salz war mit Naphtalin zum Industrieprodukt gewandelt worden und somit preisgünstiger. Als Speisesalz konnte es nicht mehr verwendet werden, es roch schlicht und ergreifend nach Mottenkugeln. Alle vier

Bild 41 Das Ladengeschäft der Firma Gebr. Meyerhoff nach der ersten großen Erweiterung Anfang der 1970er Jahre. An der Stelle des Erweiterungsbaues rechts befand sich der im Bild 40 gezeigte Garten.

bis fünf Monate mußte im Bahnhof der damaligen Reichsbahn ein gedeckter Güterwagen geleert werden, der – üblicherweise mit zehn Tonnen beladen – am Ende des Ladegleises direkt neben Hillenkötters Großhandel für Landerzeugnisse und Kartoffel-Saatbau, schräg gegenüber des Bahnhofsgebäudes gelegen, bereitgestellt wurde. Mit übergroßen Schaufeln wurde das Salz aus dem Waggon direkt auf einen Wagen des Fuhrunternehmers Willi Cohrs befördert, von diesem auf die Burg gefahren und dort wiederum ohne Umwege in den erwähnten Lagerraum weitergeschaufelt.

Nach dem Einsalzen mußten die Felle wieder gelagert werden. Sogar die Bereiche unter den Decken wurden genutzt. In fast allen Werkstatträumen hingen an ihnen rohe Kleintierfelle, die luftgetrocknet werden mußten; kein Platz wurde verschenkt.

Dieses Über-den-Köpfen-Trocknen hat jedoch einen unangenehmen Nebeneffekt: Zecken, die sich von oben auf den Handwerker fallenlassen. Wie kleine Blutsauger verbeißen sie sich in der Haut, um die nahrhafte Adernflüssigkeit zu konsumieren. Die augenlosen Tiere erkennen ihr Opfer beim Herannahen durch Erschütterung, am Geruch oder beim direkten Hantieren mit Wildtierfellen wechseln sie ihren Gastwirt. Der schwitzende Gerber übertönt mit seinen Ausdünstungen langsam die der austrocknenden Felle, so daß sich diese Mitglieder der Familie der Milben eher ihm hingezogen fühlen. Der Körper einer Zecke ist faltig, damit er sich bei seiner Mahlzeit ordentlich ausdehnen kann. Das muß er auch, denn er kann mehr als das Zweihundertfache seines Gewichtes aufnehmen. Das wenig beliebte Tier verrät sich dann mit seinem vergrößerten Hinterteil, das dunkelrot aus der Haut heraussteht, was wiederum der Ehefrau des Handwerkers entgegenkommt, die das Viech dann leicht mit der Pinzette entfernen kann. Inzwischen ist bekannt, daß die typische Gerberkrankheit, das Rheuma, in der Folge der Zeckenbisse auftreten kann und nicht nur im Zusammenhang mit der Kälte, der dieser Berufsstand durch den ständigen Umgang mit Wasser ausgesetzt ist.

Auch das eigentliche Gerben basierte auf einem Lagervorgang. Drei mal drei Monate mußten die zu verarbeitenden Häute in großen hölzernen Tonnen in der Lohbrühe verbringen, bevor sie herausgeholt werden konnten; einmal die Innenseite nach oben – das sogenannte Aas –, dann die Haarseite und anschließend wieder die Aasseite. Jedesmal wechselweise mit Lohe in Schichten eingelagert, folgte das Auffüllen mit Wasser aus der Böhme durch lose verlegte, hölzerne Rinnen, die aus doppeltgroßen Eimern befüllt wurden. Pro Grube konnten je nach Packdichte weit mehr als einhundert Schöpfvorgänge mit über 2 t bewegten Wassers notwendig werden. Eimer ins Wasser werfen, untergehen lassen, dann mit Seil wieder hochziehen, zwanzig Liter in die Rinne kippen, nichts auf Hose oder Schuhe verschütten und das Ganze im endlosen Wiederholungstakt, das war Gerberroutine. Zwölf Gruben im Hof an der Böhme boten genug schweißtreibende, aber auch muskelbildende Arbeit. Bis auf drei Exemplare wiesen die teils runden, teils mit abgerundeten

Ecken gefertigten Tonnen Durchmesser und Tiefen von zwei Metern auf. Die Kleineren wurden für die Gerbung von Kleintierhäuten verwendet. Alle Behälter mußten nach ihrer Entleerung immer schnell befüllt werden, da sie sonst im weichen Boden direkt neben der Böhme durch ihren Auftrieb aufgeschwommen wären. Aufgrund seines ständigen Mitgerbens verrottete das Holz der Lohgruben nicht. Es färbte sich im Laufe der Zeit blaßblau und bekam eine glasharte Konsistenz. Nach Beendigung des Gerbvorganges und der Leerung der Gruben wurde die verbrauchte und nasse Lohe auf der Burg zum Trocknen ausgebreitet. Sie eignete sich hervorragend zum Heizen, aber ebenso zum

Bild 42   Eine Zeitungsanzeige aus den zwanziger und dreißiger Jahren des vorigen Jahrhunderts, in der bereits damals mit einer Spezialität der Heide, den Fellen der Heidschnucken, geworben wurde. In den sechziger und siebziger Jahren boomte das Geschäft mit diesen Reiseandenken (siehe Bild 47). Heute spielt es im Souvenirgeschäft nur noch eine untergeordnete Rolle.

Düngen von Erdbeeren! Entsprechend bedienten sich die Soltauer Mitbürger, die die kostenfreie Abgabe nutzten. Was dort nicht weggeholt wurde, lagerte anschließend in großen Haufen auf dem Grubenhof.

Der Gerbung folgend, fanden sich die Häute und Felle zum Wässern in Holztonnen wieder, die in der Böhme, gegenüber der Ratsmühle, am Gerbereisteg festgezurrt waren. Gefüllt standen sie auf dem Böhmegrund, leer schwojten sie am Steg im zusammenfließenden Wasser von Böhme und Soltau, was man allerdings möglichst vermied. An der Tiefe dieser drei Tonnen von ebenfalls zwei Metern kann man den damaligen Pegel vor der Ratsmühle erkennen. Für die Kinder der Burg war es daher selbstverständlich, in diesem Bereich der Böhme zu baden. Manchmal mußten sie mithelfen, nach Riß der mürbegewordenen Halteseile die Behälter vom Ratsmühlenwehr gegenüber zurückzuholen. Die Nutzung der Tonnen im Fluß endete mit der späteren Anschaffung einer elektrisch angetriebenen Pumpe zur Wässerung in der sogenannten Naßwerkstatt.

Bild 43 Arbeit auf dem Gerbhof der Gebrüder Meyerhoff 1954 an der Böhme gegenüber des alten Wehres an der Ratsmühle in der Böhmheide. Verwandtschaft des Verfassers: Rechts führt der Großvater Wilhelm die Holztafel beim Walken, während links der Vater Heinrich (verdeckt) und der Gerbereimitarbeiter August Schulz die Tafel ziehen.

An der Böhme befand sich damals auch der Löschkalkbottich. Neben der neuen Brücke, gegenüber des heutigen Polizeigebäudes gelegen, beherbergte er den Kalk, der zur Haarentfernung der Felle, die zu Leder verarbeitet werden sollten, im Kalkäscher verwandt wurde. Zu diesem Zweck mußte der über die damalige Kleinbahn angelieferte und von dort mühsam mit Handwagen herantransportierte Brandkalk zweimal im Jahr abgelöscht werden. Allerdings steckte nun der Kalk im Leder und mußte seinerseits entfernt werden. Hierzu hielten Meyerhoffs sich etwa fünfzig Hühner. Zweimal im Jahr wurde der Hühnerstall ausgemistet und die Mischung aus Kot und Stroh in einer großen Tonne mit Wasser gewaschen. Das Stroh schwamm oben und konnte leicht abgeschöpft werden. In der verbleibenden, in eine Grube umgefüllten Flüssigkeit lagen die zu entkalkenden Häute anschließend für einen Monat in dieser Beize. Entgegen landläufiger Meinung stank es in fachmännisch betriebenen Gerbereien nicht. Zwar überdeckte der Geruch der gemahlenen

Bild 44   Der Blick von der Böhmheide zeigt die Rückansicht der beiden Anwesen Burg 3 (rechts) und 5 (links) der Gerberei Meyerhoff in den dreißiger Jahren des vorherigen Jahrhunderts. Im Hintergrund ist bereits der 1931 erweiterte Bau der Hausnummer 5 mit seinem hohen Dach zu sehen. Der Hof über den Gerbgruben diente ebenfalls zum Trocknen. Hier hängen nach dem Waschen Schaf- und Schnuckenfelle in der Sonne. Mit Ausnahme der erneuerten Böhmheide (jetzt ohne Hecke) und der fehlenden Felltrocknung hat sich an dieser Ansicht bis heute wenig geändert. Na ja, die Anbauten für die Ladenvergrößerung kamen hinzu.

Bild 45 Beim Schaben fährt der Gerber auf dem Gerberbaum mit dem schrägliegenden Messer des Schabeisens über die Fleischseite des Felles und beseitigt auf diese Weise die Fleischreste und Adern von der sogenannten Blöße.

Lohe alles, er wurde aber nicht als unangenehm empfunden. Die Beize jedoch ließ man tunlichst unberührt. Aufgrund ihrer Natur entwickelte sie beim Umrühren einen penetranten Gestank.

Was die Lohgerbung für das Leder, ist die Weißgerbung für die Pelze. Die Letztere unterscheidet sich von Ersterer durch die Verwendung von Alaun mit Salz. Der Betrieb der Gebrüder Meyerhoff gerbte alle Großtierfelle selbst, wobei es sich in der Regel um Lohngerbung handelte. Selbst Felle von afrikanischen Wildtieren, wie zum Beispiel Löwen, die Großwildjäger auf der Soltauer Burg verarbeiten ließen, waren in früheren Zeiten keine Seltenheit.

Schnucken-, Ziegen-, Schafs- und Rinderfelle, aber ebenso Rot- und Schwarzwilddecken, wurden meist aufgekauft, dann fachmännisch verarbeitet und weiterverkauft. Bei den Einwohnern des Hauses Burg 8, mit der Eingangstür am Durchgang von der Burg zur Soltau-Brücke, kam es regelmäßig zu Verstimmungen. Der große Lkw einer Braunschweiger Fellverwertung benötigte zur Beladung die ganze Breite der Passage, so daß der Zugang zur Tür nur mit Mühe erreichbar war.[1]

Kleinwildfelle, wie von Kaninchen oder Mardern, wurden ebenfalls aufgekauft und gesammelt, dann aber als getrocknete Rohfelle

---

[1] Siehe Bild 40.

Bild 46 Nach dem Hantieren mit Schwefel und seinen Verbindungen in der Schwe-felbude (rechts an der Böhme) kam der Gerber schon mal mit zusätzlichen Löchern in den Strümpfen nach Hause. Auch auf dem Lageranbau hinter dem Haus Burg 3 (Carl Meyerhoff, heute Burmester) wurden Felle zum Trocknen aufgehängt.

an reisende Aufkäufer weiterveräußert. Kleintierfelle, die man in Lohngerbung nahm, gerbte nach dem zweiten Weltkrieg im Unterauftrag die Firma Frank in Norderstedt.

Im hinteren Gebäudeteil des Anwesens Nr. 5, direkt am Böhmesteg, befand sich bis zur Einstellung der wasserabhängigen Arbeiten Anfang der siebziger Jahre des letzten Jahrhunderts die schon erwähnte Naßwerkstatt, in der Felle ausgeschabt, gewässert und gewaschen wurden. Davor lag wiederum ein Lagerraum. In ihm wurden rohe Rinderhäute eingesalzen und aufgeschichtet zwischengelagert.

Die gewässerten Felle hingen zum Trocknen an langen Leinen im Hof über den Lohgruben. Weiße Felle verfärbten sich im Gerbvorgang zunächst gelblich. Um dieses rückgängig zu machen, hingen sie anschließend einige Zeit im Rauch von brennendem Schwefel in der sogenannten Schwefelbude, die auf dem Grubenhof direkt an der Böhme stand. Dieser nicht gerade ungefährliche und umweltschonende Arbeitsgang wurde später durch Bleichen mittels Wasserstoffsuperoxyd abgelöst.

Zwar handelte es sich nicht um den Haupterwerb, aber dennoch erwähnenswert ist die Herstellung von Schnüren aus Aalhaut. Vor dem Zweiten Weltkrieg bescherte die Wasserqualität der Böhme und Soltau den Soltauer Bürgern zur Ergänzung des Nahrungsangebotes der ansonsten kargen Heidegegend zusätzlichen Fischreichtum. So fingen die Meyerhoffs Aale, die nicht nur konsumiert wurden, sondern deren Häute nach dem Abziehen sofort aufgedreht, mit einem kleinen Stein beschwert und zum Trocknen aufgehängt wurden. Das ergab außerordentlich reißfeste Schnüre, wie sie beispielsweise Bauern für Dreschflegelriemen benötigten.

Bild 47   Typischer Souvenirsverkaufsstand in der Heide der 1970er Jahre (Hans-Gerd Wahlers, Oberhaverbeck) mit den bei den Gebrüder Meyerhoff gegerbten Heidschnuckenfellen und anderen Lederprodukten.

Im Obergeschoß über der Naßwerkstatt fand die Endbearbeitung des Leders statt, also alle Arbeitsschritte, die dem Trocknen folgten. Dort standen unter anderem drei große schwere Marmortische zur Lederplattierung. Auf ihre Oberfläche klebte man das zu plattierende Leder mittels einer Mischung aus Dorschtran und Rindertalg, bevor es mit dem Plattiereisen im Sinne des Wortes plattgemacht wurde. Heute befinden sich in diesem Bereich Räume der Kürschnerei. Das Trocknen des Leders erfolgte auf dem Flachdach darüber. Sonne und Wind entzogen dort an eisernen Gestellen jede Feuchtigkeit. Diese Einrichtung war bereits von weitem zu sehen und bildete gewissermaßen das Wahrzeichen der Gerberei auf der Burg. Erst mit der Erweiterung der Verkaufsräume des Pelzgeschäftes wurde es entfernt.

Zum Herstellen von qualitativ hochwertigen Fellen und Ledern war bis zuletzt intensive Handarbeit notwendig. Neben dem erwähnten Ausschaben der nassen Felle in der Naßwerkstatt mit Hilfe des Schabeisens wurde jeder Transportvorgang zwischen den Arbeitsgängen mit Muskelkraft durchgeführt. Berücksichtigt man, daß eine frisch angelieferte Bullenhaut bis zu 50 kg wiegen kann und erst zur Fertigstellung zum Leichtgewicht mit „nur" etwa 10 kg mutiert, kann man die, aufgrund der Vielzahl der Felle, insgesamt bewegten Massen erahnen. In weiteren Trockenwerkstätten erfolgten die Arbeiten, die der Endbearbeitung der Felle und Leder dienten. Die Räume befanden sich im ehemaligen Werkstattgebäude des Tischlermeisters Carl Weyermann links vor dem Anwesen Nr. 3, das vor dem Zweiten Weltkrieg von den Meyerhoffs übernommen und inzwischen zum Wohn- und Geschäftshaus umgebaut wurde. Dort standen kräftige und kippsichere Reckrahmen, auf denen den in den nassen Arbeitsgängen geschrumpften Fellen wieder ihre ursprüngliche Größe, Glätte und Geschmeidigkeit zurückgegeben wurde. Hierzu klemmte der Gerber sich den Stiel eines Stoßeisens unter den Arm und das Fell kopfüber in den Rahmen. Am unten hängenden Halsende hielt er es mit der zweiten Hand stramm fest, um dann mit der Klinge des Stoßeisens auf der Lederseite in langen, unzähligen

Strichen von oben nach unten mit kräftigem Druck gegen die Materialspannung hinunterzufahren. In der Werkstatt stand außerdem eine elektrische Schleifmaschine, deren großer eiförmiger Schleifstein nach dem Recken die letzten Hautreste entfernte und die Oberfläche glattschliff.

Schon immer gehörte die Gerbung von Heidschnuckenfellen zum Arbeitsgebiet der Gerberei Meyerhoff. In den sechziger und siebziger Jahren des zwanzigsten Jahrhunderts blühte der Handel mit diesen Fellen auf. Kaum ein Tourist verließ die Zentralheide ohne dieses Souvenir. Entsprechend mußte Platz geschaffen werden, um den Felldurchsatz, den man teilweise nur mit Unterstützung auswärtiger Betriebe sicherstellen konnte, zwischenzulagern. Hier bot sich Weyermanns Obergeschoß an. Dort befand sich auch die elektrische Kämmaschine, mit der nach dem Schleifen sauber und schnell die Schnuckenfellhaare entwirrt und geglättet wurden.

Als letzte Tätigkeit ging dem fertigen Produkt das Beschneiden der Felle oder Leder voraus. Hier erhielten sie mit scharfen Messern ihre typischen, manchmal an Wappen erinnernden Formen, wie wir sie alle von den entsprechenden Produktsymbolen kennen.

Bild 48   Typische Echtleder-Kennzeichnungen

Vom Brunnen zur Wasserleitung

Eine erste Wasserversorgung in Soltau

Wie weit wären die Römer gekommen, hätten sie ihre technischen Errungenschaften weiterentwickeln können? Mit ihrem Untergang sorgten sie jedoch dafür, wie bereits viele vor und nach ihnen, daß die schon damals erreichten Annehmlichkeiten für lange Zeit im Dunkel der Geschichte versanken. Zu Zeiten der römischen Kaiser flossen über zehn Hauptaquädukte täglich mehr als eine Million Liter Trinkwasser in das antike Rom. Die älteste Wasserleitung der Stadt führte entlang der Via Appia und erreichte eine Länge von 16 km. Die Leitungen versorgten hauptsächlich Brunnen und öffentliche Bäder. Andere antike Großstädte nutzten zur Versorgung bereits entsprechende Wasserzuführungen. So Athen, das sich mit frischem Quellwasser über eine mehr als neun Kilometer lange, tönerne Fernleitung aus dem Quellgebiet des bei Piräus mündenden Ilissos versorgte. Ebenfalls auf die Römer zurückzuführen, finden wir frühe Fernwasserleitungen auch im deutschen Umland. So erhielt das seinerzeit römische Köln das frische Naß bereits im Jahre 102 aus der Eifel ins Stadtgebiet geliefert.

Nur wenige Privathäuser konnten sich fließendes Wasser leisten. Es handelte sich daher immer um zentrale Versorgungen, die nicht, wie heute, vielfältig verzweigt in alle Häuser und Wohnungen führen und selbst in der abgelegensten Kammer die feine Dosierung über in allen erdenklichen Formen erhältliche Wasserkräne ermöglicht. Das fließende Wasser gehört, geschichtlich gesehen, in unseren Häusern in die jüngste Zeit. Erst seit Mitte des neunzehnten Jahrhunderts wurde in den industrialisierten Ländern, vor allem in größeren Städten, mit dem Bau von Ver- und Entsorgungsleitungen begonnen. In Soltau mußte darauf bis 1964 gewartet werden. Damals erhielten die Stadtwerke den Auftrag, die städtische Wasserversorgung umfassend sicherzustellen, so daß, gespeist vom ersten Was-

Bild 49   Die Walsroder Straße vor dem Zweiten Weltkrieg. Die rechts im Vorder-grund stehende Heiratspumpe erhielt ihr Wasser aus einem Brunnen an der in Richtung Bahnübergang gelegenen Ecke der im Hintergrund nach links abzweigen-den Straße Am Sandberg. Das Verbindungsrohr verlief unterirdisch entlang der Straße. Die Pumpe versorgte im größeren Umkreis viele Haushalte.

serwerk am Schütten-Busch, das Soltauer Rohrnetz endgültig aus-gebaut werden konnte. Bereits 1967 übernahm der Neubau des Wer-kes an gleicher Stelle die Wasserlieferung.

Wie sah nun der Übergang vom Brunnenzeitalter in das für alle gemeinsame Versorgungssystem aus? Im zentral zwischen den Großstädten Hamburg, Hannover und Bremen gelegenen Soltau be-kam man aufgrund der durchführenden Verkehrswege die Neuig-keiten, die die Welt veränderten und bestimmten, aktuell mit. Dieses galt auch für den Fortschritt im Bereich der technischen Hausaus-stattungen. Entsprechend sollten im 1931 erweiterten Geschäftshaus der Gerberei der Gebrüder Meyerhoff auf der Soltauer Burg die sei-nerzeit modernsten Sanitäreinrichtungen das Leben so komfortabel, wie möglich, gestalten. Dazu gehörte natürlich die stetige und deshalb bequeme Versorgung mit fließendem Frischwasser. Um sol-ches in brauchbarer Form zu finden, bedurfte es allerdings einiger

Anstrengungen. In einer Region, die wenig Probleme mit wasserlie-fernden Wetterverhältnissen hatte, die wiederum zu ausreichenden Grundwasserständen führten und entsprechende Brunnen mit sol-chem Oberflächenwasser füllen konnten, erscheint es daher zu-nächst erstaunlich, daß kein geeignetes Wasser zu finden war. Ge-nau dieses aber passierte am Zusammenfluß der Böhme und Soltau auf der Burg.

Der den besagten Umbau betreibende Lohgerbermeister Wilhelm Meyerhoff wollte in allen Zimmern seines neuen Hauses den Zugriff auf fließendes Wasser haben, hatte seine Familie doch lange genug das Naß mit Eimern von der Heiratspumpe herangeschleppt. So plante er, im Bereich seines Anwesens einen Brunnen zu bauen, aus dem mittels Pumpe gefördert werden sollte. Eine erste Bohrung auf der Burg durch die damalige Klempnerei Springhorn aus der Markt-straße 1 brachte in einer Tiefe von circa fünfzehn Metern salzhaltiges Wasser zum Vorschein, das als Haushaltswasser nicht brauchbar war. Die nächste Bohrung wurde etwas weiter von den Flüssen ent-fernt, vor der Schlachterei Vielguth in der Marktstraße hinunterge-bracht. Sie förderte ebenfalls nur Salzwasser zutage.

Nun erinnerte man sich an das Süßwasser der Heiratspumpe, de-ren Brunnen nicht etwa direkt unter dieser lag, sondern ein Stück die Walsroder Straße hinauf, an der Abzweigung der Straße Am Sandberg. Der Brunnen befand sich im Bereich des Eingangs des heutigen Sanitätshauses Klug und versorgte die westlich neben der Soltau-Brücke stehende Pumpe über ein unterirdisches Bleirohr. Sie diente seit alters her als Treff- und – heute würde man sagen – Kom-munikationspunkt. Die Qualität des oberflächennahen Wassers aus den häuslichen Brunnen, die sich meist im Keller der Häuser befan-den, reichte für die Zubereitung der Speisen und im hygienischen Bereich in der Regel nicht aus, so daß oft mehrmals am Tag der Gang zur Heiratspumpe notwendig wurde. Alle kamen mit Eimern zum Wasserholen, man traf sich und klönte; manchmal zu lange, wie Al-bert Hölscher in seiner Heimatchronik „Alt Soltau erzählt" schön beschrieb.

Wie die Versorgung der Heiratspumpe zeigte, mußte es im Bereich der höherliegenden Düne des Sandbergs also Süßwasser geben. Die Bohrung, die man dieser Überlegung folgend, einige Meter weiter den Sandberg hinauf ins Erdreich trieb, stieß tatsächlich auf Süßwasser. Sie lag genau vor der zweiten (Breidingschen) Scheune in dem Gebiet, in dem schon die alten Kornscheunen Vorsoltaus standen. Eine Vereinbarung mit der Firma Breiding ermöglichte die Aufstellung eines Stehkessels mit zwei Kubikmetern Inhalt als Zwischenspeicher und der Förderpumpe in einem Kellerraum hinter dem Fundament des Gebäudes. Anfangs eine Kolbenpumpe, ersetzte man sie später durch eine Kreiselpumpe.

Die Strecke zur Burg betrug auf geradem Weg zweihundert Meter und erforderte daher eine lange Rohrverbindung, die, geregelt über nachbarschaftliche Absprachen, hinter den Häusern der südwärts von Walsroder Straße und Marktstraße gelegenen Anwesen, weitgehend der Luftlinie folgend, zur Burg verlaufen sollte. Die nun gegenüber der ursprünglichen Planung um einiges größere Entfer-

Bild 50 Der Fotograph stand 1955 vor dem Haus Toto-Heinze, heute Inselmann, und lichtete die winterlichen Breidingschen Scheunen an der Ecke Walsroder Straße – Am Sandberg ab. In einer der Hinteren standen die Förderpumpe und ein Kessel als Zwischenspeicher. Die rechts ins Bild lugende Hausnummer 13, gegenüber der früheren Tabakwarenhandlung von Heinrich Minor, war das Wohnhaus des Malermeisters Hermann Meyerhoff (Großonkel des Verfassers). Er ließ das Gebäude und die vordere Scheune Ende der 1960er Jahre abreißen. Dort entstand der Neubau, in dem sich heute das Sanitätshaus Klug befindet.

nung war verbunden mit entsprechend erhöhten Anschaffungskosten. So mußten die beiden in der Gerberei ihres Vaters arbeitenden Söhne Wilhelm und Heinrich Meyerhoff ran, um den Graben für die Leitung bis in frostsichere Tiefe auszuheben. Die Verlegearbeiten für das Rohr, dessen Stärke im zölligen Bereich lag, führte die erwähnte Klempnerei Springhorn aus. Die Leitung unterquerte die Soltau als Düker. Eine Holzkastenkonstruktion half, das Rohr unter dem Fluß hindurchzuführen. Zwei senkrechte Holzkästen, jeweils als Schächte, wurden auf den angrenzenden Ufergrundstücken in ausreichenden Abständen zum Flußbett ins Erdreich versenkt. An der Walsroder Straße befand sich der Schacht auf dem Grundstück von Möhlmann (Schlosserei und Zweiradgeschäft), gegenüber an der Marktstraße etwa an der Grenze der Anwesen der von Ahlften und Dettmer, deren Grundstücke hinter Dünemann im Bogen zum

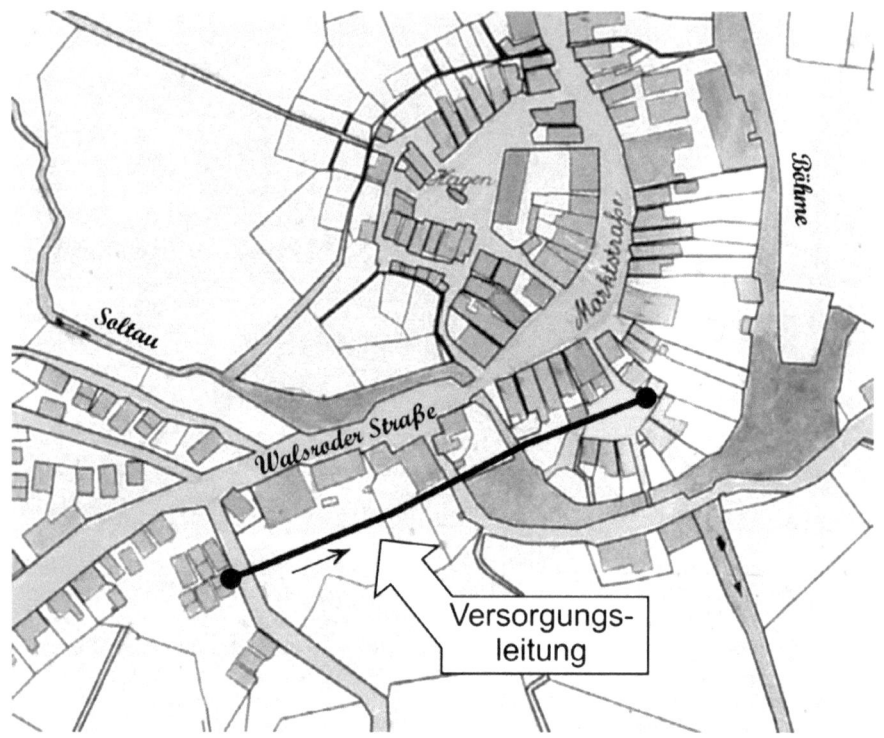

Bild 51   Eingetragen in den Stadtplan von 1870 erkennt man den ungefähren Verlauf der Versorgungsleitung vom Sandberg bis zur Burg entlang der Südseite der Gebäude an der Walsroder Straße und der Marktstraße.

Vorfluter der Ratsmühle verliefen (Paul Dünemann führte sein Schreibmaschinengeschäft damals noch direkt neben der Soltau-Brücke. Aufgrund der Zerstörungen im April 1945 verlegte er den Betrieb nach dem Zweiten Weltkrieg stadteinwärts in das Haus Nummer 29.). Zur Verbindung der beiden Schachtkästen wurde ein Holzkanal unterhalb des Flußgrundniveaus versenkt. Da auch die Gerberei Meyerhoff das Staurecht an der Ratsmühle besaß, stellte das Ablassen des Soltau-Wassers für die Arbeiten in der Nähe des Vorfluters und am Düker kein Problem dar. Sie konnten somit in wenigen Tagen erledigt werden.

Auf jedem Grundstück, das die Verbindung querte, wurde ein T-Stück eingesetzt, an das sich die Anlieger anschließen konnten. Da alle noch eigene Brunnen hatten, erfolgten die Anschlüsse erst nach und nach. Sie kosteten jeweils 200 Reichsmark und mußten durch die Eigentümer der Anwesen selbst ausgeführt oder beauftragt werden. Das Hotel „Stadt Bremen" besaß bereits eine eigene Wasserversorgung mit Brunnen und Pumpe. Nachdem die Anlage ausgefallen war, entschloß sich der Besitzer, André Lütjens, seinen Betrieb ebenfalls an die neue Wasserleitung anzuschließen. Bis auf die Pension Halbeck, an der stadteinwärts liegenden Ecke Walsroder Straße – Sandberg (heute ein Grillrestaurant), schlossen sich letztendlich alle Anlieger der südlichen Straßenseiten in Richtung Stadtmitte der Versorgung an. Der in unmittelbarer Nähe der Breidingschen Scheune in der Walsroder Straße 13 wohnende Malermeister Hermann Meyerhoff folgte seinem modern denkenden Bruder von der Burg nicht und enthielt sich somit der bequemen Wasserzufuhr. Der Hauptstrang der Leitung endete vor Weyermanns Tischlerwerkstatt. Von dort verliefen die Anschlüsse zu den Meyerhoffschen Häusern, zu Weyermann und zur Schlachterei Vielguth sowie über die Burg hinaus zu den zurückliegenden Häusern von Timme und der Mädchenjugendherberge[1] am Ort des späteren Haushaltswarengeschäftes Konrad/Begemann. Damit erhielten vor dem Zweiten Weltkrieg etwa zwanzig Anwesen ihr Wasser vom Sandberg. Anfang der fünfziger Jahre wurde der Strang durch die Klempnerei Küfner bis zur Marktstraße 25 (Einspeisung Redanz) verlängert. Ebenso wurde ein Stich entlang der Charlottenstraße verlegt. Kurz vor der Eisenbahnunterführung versorgte er die Familien Minor und Klug.

Natürlich war das Wasser nicht umsonst. Das Rohrnetz mußte genauso unterhalten werden, wie Brunnen, Pumpe und Speicherkessel. Beispielsweise lagen die monatlichen Pauschalgebühren in den fünfziger Jahren für angeschlossene Wohnungen bei DM 2,- bis 2,50, für mittlere Verbraucher, wie die Bäckerei Brockmann, bei DM 4,- und dem Schlachter Vielguth als Großverbraucher wurden

---

[1] Heim im Besitz des Gaues Unterweser-Ems des Reichsverbandes für Deutsche Jugendherbergen

Bild 52   Das erste Wasserwerk am Schütten Busch stand von 1960 bis 1968 und versorgte nur wenige Straßen der Stadt. Das Neue entstand ab 1965 an gleicher Stelle. Es beliefert heute, neben Soltau, zusätzlich weitere Gemeinden mit sauberstem Wasser.

DM 6,- berechnet. Kassiert wurde bar, wobei sich der eine oder andere Angeschlossene durchaus über die Höhe der Gebühren beschwerte. Das mußten sich die jüngeren Mitglieder der Meyerhoffschen Verwandtschaft dann anhören, deren Aufgabe das Kassieren der Gelder war.

Mit der Einrichtung der eingangs erwähnten zentralen Versorgung der Stadt mit Leitungswasser in der Mitte der sechziger Jahre ging die Versorgung der unteren Bereiche der Marktstraße und der Walsroder Straße an die Stadtwerke Soltau über. Zunächst speiste das neue städtische Netz das alte über einen zentralen Übergabepunkt neben dem Eingang zur Kegelbahn des ehemaligen Gasthauses „Niedersachsen" (Schütten-Emma). Allerdings hatten sich die Rohre über die zweieinhalb Jahrzehnte ihres Betriebes immer weiter zugesetzt, so daß im ganzen Altnetz die ausreichende Wasserzufuhr zu versiegen drohte. Entsprechend erhielten später alle Nutzer eigene neue Anschlüsse an das Netz der Stadtwerke. Durch die diversen Baumaßnahmen und Neubauten der Innenstadt verschwanden in den letzten Jahrzehnten wesentliche Abschnitte der alten Leitungen. Dennoch fänden sich vermutlich heute noch Überreste der verzinkten Eisenrohre an Stellen, die bisher nicht wieder aufgegraben wurden.

Die gerupfte Wiese

Aufgewachsen in der Nähe des Soltauer Böhmewaldes spielten wir dort regelmäßig und machten ihn, seine Spazierwege und die Böhmewiesen sommers wie winters unsicher. Räuber und Gendarm, Indianer und Cowboy, Schatzsucher oder Ritter, wir suchten uns aus, wen wir gerade imitieren wollten. Die Möglichkeiten unserer Stadtumgebung waren vielfältig und wurden konsequent für die dazugehörigen Umtriebe ausgenutzt. Es gab Tage, da war man allein unterwegs. Die Freunde hatten andere Verpflichtungen oder man hatte sich gerade gestritten, was im Rahmen des kindlichen Kräftemessens natürlich vorkam. So hatte man Zeit, die Dinge zu erkunden, die man zwar bei den wilden Spielen wahrgenommen, aber nicht weiter beachtet hatte oder die man von den elterlichen Spaziergängen in die Umgebung, verbunden mit den entsprechenden Erklärungen, kannte. Viel erzählten Mutter und Vater über die Natur und ihre Bestandteile, so daß die Beschreibungen der Tiere, Pflanzen und unbelebten Gegenstände teils fest, teils lose im Gedächtnis haftenblieben. Vor allem die beeindruckenden Dinge, kindlich staunend erfahren, erhielten sich in der Sammlung der Erinnerungen.

So sehe ich noch die Wiese vor mir, die zwischen dem flußaufwärts gelegenen Beginn der Mäanderschleife der Knickskuhle, am nördlichen Ende des Freibades, und dem Weg In den Hübeeten neben Nachtigalls Anwesen offenbar naß und nährstoffreich genug war, um einer unserer heimischen Orchideenarten den richtigen Lebensraum zu bieten. Dort wuchs in großer Zahl die Kuckucksblume, die seit langem unter Naturschutz steht. Mit ihren fünfundzwanzig bis dreißig Zentimetern überragte sie die anderen Wiesenpflanzen kaum, so daß die Erscheinung der auch Ragwurz genannten Blume, aus der Ferne betrachtet, nicht besonders auffiel. Als Kind lebt man nun naturgemäß auf niedrigerem Sichtniveau und nimmt deshalb die kleinen Dinge des Lebens eher wahr. Heißt das Objekt der Betrachtung dann mit Zweitnamen noch Knabenkraut, liegen verbindende Gedanken nahe. Knabe untersucht Kraut. Woher dieser Name wirklich rührt, war mir damals unbekannt. Betrachtet man die Pflanze genauer, kommt man der Erklärung allerdings näher. Die purpurroten Ähren dieser Orchidee aus locker angeordneten Miniblüten, die mehrere länglich zurückgebogene, stumpfe und oft gefleckte Blätter überragt, heißt im Volksmund noch Knotenkraut. Gräbt man ein Exemplar aus, erscheinen zwei fast kugelige Knollen, so daß das gesamte Erscheinungsbild der Pflanze den Ursprung ihrer Bezeichnungen Knaben- oder Knotenkraut erahnen läßt.

Hat man zu seinen Eltern ein gutes Verhältnis und weiß, daß die Mutter Blumen liebt – welche tut das nicht? –, kommt irgendwann der Moment im Leben eines Kindes, indem es Pflanzen pflückt, um den weiblichen Elternteil zu erfreuen. Anfangs sehen die Ernteergebnisse zwar nur annäherungsweise wie Blumensträuße aus, aber was zählt, ist der Wille und die gute Absicht. Mit der Zeit lernt man, Blütenpflanzen von Unkraut, Schilf und Brennesseln zu unterscheiden, um die Freude bei der Beschenkten zu erhöhen.

Über diesen Weg des Lernens fand ich zur Kuckucksblume. In meinem Gedankengut blieben mehrere Jahre haften, in denen ich große Sträuße dieses schönen Gewächses nach Hause brachte. Oft konnte ich die Pflan-

Bild 53 Kuckucksblume, auch Knabenkraut genannt

zenbündel kaum halten, soviel hatte ich pflücken können. Aber war da nicht noch etwas im Zusammenhang mit Naturschutz? Tatsächlich klopft heute noch das schlechte Gewissen bei mir an, wenn ich daran denke, wie die Wiese zugunsten meiner guten Absichten abgeräumt wurde. Hatte ich womöglich den Bestand in meiner kindlichen Unkenntnis vollständig vernichtet?

Letztens spazierte ich wieder an diesem Böhmeabschnitt vorbei und stellte mit Bedauern fest, daß dieser Wiesenbereich inzwischen verschwunden ist, so daß die Kuckucksblumen ohnehin keine Möglichkeiten gehabt hätten, ihr Vorkommen langfristig zu sichern. Dennoch ist es sehr schade, daß diese schöne Orchidee dort nicht mehr zu finden ist. Um die Blume heute in natura zu bestaunen, muß man wohl längere Reisen einplanen. In den Oberharzer Bergwiesen bei Sankt Andreasberg und weiter südlich in der Vorderrhön konnten sich diese Mitglieder der Pflanzenoberklasse aus der Familie der Orchideengewächse noch halten. In den Feuchtwiesen der Naab, die immer noch weitgehend unberührt in die Donau fließt, sind ebenso natürlich gewachsene Exemplare zu finden.

Im Laufe der Frühjahrswochen, die dieser Text zur Reifung benötigte, stellte ich fest, daß die hier vorgestellte Blume inzwischen in gut sortierten Gartenmärkten erhältlich ist, um die häusliche Flora zu bereichern. Sicher wird damit die heimische Pflanzenwelt bewahrt, ein schaler Beigeschmack verbleibt aber trotzdem. Denn die damit – im Sinne des Wortes – käuflichen Pflanzen werden ertragsoptimiert angeboten, sind deshalb in ihrer Erscheinung vereinheitlicht und ob sich ihre Lebenserwartung im Garten und die Vermehrungsfähigkeit erhalten, bleibt abzuwarten.

Lohndienste für Soltauer Ackerbürger

In der Folge der Lüneburger Gemeinheitsteilungs-Ordnung von 1802 und der im gleichen Zeitraum vollzogenen Vereinigung der Stadt Soltau mit ihren Vororten Vorsoltau und Bomheide (spätere Böhmheide), übernahmen viele Einwohner im Rahmen der Zuteilungsklassen, für die sie Interesse bekundet hatten, unterschiedlich bemessene Feld- und Waldflächen aus den zu vergebenden Bereichen des Soltauer Umlandes. Die zugeteilten Areale lagen unter anderem westlich und östlich des Kuhbachs, in den Gebieten hinter der Kreuzung der Buchholzer und Uelzener Bahn – südlich

Bild 54   Das Aquarell wurde anläßlich der Soltauer Tausendjahrfeier 1937 vom Kunstmaler Hans Schönwald gemalt. Es zeigt den unteren Teil der Rosenstraße mit einem Pferdefuhrwerk mit Leiterwagen, einem seinerzeit üblichen Transportmittel. Gleich dahinter links, in der Hausnummer 21, residierte damals der Landwirt und Fuhrunternehmer Wilhelm von Minden.

Bild 55 Wie auf dieser Abbildung gezeigt, konnten auch die Soltauer Ackerbürger an verschiedenen Stellen der Stadt ihr Getreide dreschen lassen, um so die mühsame Arbeit mit dem Dreschflegel zu umgehen.

der Straße An der Weide – oder im Waldgebiet Sibirien nordöstlich der Stadt in Richtung Oeningen. Die neuen Besitztümer befanden sich somit außerhalb der damaligen Stadtgrenzen und gingen weit über die Größe der typischen Haushöfe und -gärten hinaus. Ohne Hilfsmittel war eine halbwegs ökonomische Bewirtschaftung der Fluren deshalb nicht durchführbar. Besaßen die damals zu Ackerbürgern gewordenen Eigentümer Vieh, setzten sie es zur Erleichterung der schweren Arbeit ein. Wer Kühe hatte, spannte diese vor den Pflug. Zur effektiveren Arbeit und zum Transport in die Stadt boten sich allerdings Pferde und ihre Fuhrwerke an. Wer solche nicht hatte, war auf die Hilfsdienste der Mitbürger angewiesen, die entsprechende Spanndienste leisten konnten. Dieses waren die Schirrwerker oder – modern ausgedrückt – Dienstleister, die das Getreide, die Kartoffeln oder Rüben bei der Ernte einbrachten. Jede Arbeit, die Zugkraft auf den Feldern und beim Transport dorthin und zurück erforderte, führten sie im Lohnauftrag aus.

Wie alle Bereiche des menschlichen Lebens ihre Unika haben, sorgte gleichermaßen bei den Soltauer Schirrwerkern eine entsprechende Person für Gesprächsstoff. So berichtet der Lohgerber Heinrich Meyerhoff, der als Kind mit seinen Geschwistern in den zwanziger und dreißiger Jahren des letzten Jahrhunderts bei den Arbeiten auf den Feldern seiner Eltern mithelfen mußte, von Franz Urban. Dessen Geschäft lag an der Walsroder Straße kurz vor der Einmündung der Bahnhofstraße, gegenüber der Schlachterei Gruneberg. Weil er die Fuhren seiner Kunden mit zwei mageren Kleppern bespannte, auf deren Hüftknochen man sorglos einen Hut hätte aufhängen können, blieb Urban lebhaft im Gedächtnis der alten Soltauer haften. Ob in seinen Gedanken bereits die Idee ausgeprägt war, mit geringstem Energieeinsatz größtmögliche Leistungen zu erbringen, bleibt unerforscht. Seine Zugtiere hätten eine dauerhafte Unterernährung sicher nicht mitgemacht.

Spanndienste leisteten ebenso Grüber mit einem Pferd (Sandberg), Vajen, ebenfalls mit einem (Kampstraße), Cohrs mit zweien an der Böhmheide und von Minden am Ort des heutigen Sanitär- und Heizungsbaubetriebes Gerber (ehemals Renken) in der Rosenstraße. Die letzten Vertreter dieser Zunft hielten sich bis in die Jahre nach dem zweiten Weltkrieg, als Bostelmann am Böningweg noch die Soltauer Müllabfuhr betrieb. Wer ahnt schon, daß heute der Hauptstrom der Besucher der Soltauer Therme, vom Parkplatz am Schützenplatz kommend, nach Überqueren der Böhme-Brücke die Stelle passiert, an der nach dem zweiten Weltkrieg die Fischteiche von Eier-Müller – so genannt wegen seines Geschäftes an der Wilhelmstraße (jetzt Eilitz) – mit dem Abfall der Einwohner Soltaus verfüllt wurden! Der zweite Cohrs im Bunde der Schirrwerker mit zwei Pferden betrieb seinen Lohndienst in der Walsroder Straße hinter der Abzweigung der Tetendorfer Straße. Diese Firma stieg nach der Übernahme der Müllabfuhr zum heutigen Entsorgungsbetrieb mit der Mülldeponie Hillern auf.

In allen Bereichen des ackerbürgerlichen und bäuerlichen Lebens brachte die Mechanisierung mit ihren zusätzlichen Pferdestärken

Erleichterung. So war es bei der Weiterentwicklung der Dampfmaschine kein langer Weg hin zu Lokomobilen, die überall dort hingefahren werden konnten, wo ihre Kraft erforderlich war. Daß das körperlich anstrengende Dreschen eine der Tätigkeiten war, die schnell den Maschinen übertragen wurde, erstaunt deshalb nicht. Ähnlich, wie die Schirrwerker ihren speziellen Service anboten, gab es im Soltauer Stadtgebiet Plätze, an denen die Ähren mit der Kraft des hochgespannten Dampfes ihr Korn freigeben mußten.

Bild 56 Wo immer Dampfkraft gebraucht wurde, waren die Lokomobile zur Stelle. Wurden sie zunächst durch Pferde zu den Einsatzorten befördert, hingen sie später an den Haken von Traktoren, die mit ihren Dieselmotoren bereits die technologische Neuzeit einläuteten, in die auch der Niedergang der Dampfmaschinen fiel. In dieser Übergangszeit ersetzten nach und nach die Traktoren den Antrieb der Dreschmaschinen; gut sichtbar an dem abgebildeten Lanz-Bulldog mit seinem seitlich angebrachten Abtriebsrad.

Auf Grünhagens Hof an der Rosenstraße stand zum Antrieb einer Dreschmaschine das Dampflokomobil des früheren Bauunternehmens Werner-Bostelmann. Die Dienste dieser Fahrzeuge konnte jeder Getreideanbauer zum Lohndrusch in Anspruch nehmen. Auch auf dem Bauhof zwischen der Feld- und der Blumenstraße drosch das Unternehmen Getreide. Aufgrund des Aufstiegs der Baufirma Wiegels meldeten Werner-Bostelmann später Konkurs an. Im Gegensatz zur damaligen urtümlichen Dampftechnik stehen jetzt in diesem Bereich an der Rosenstraße, der heute noch als Bostelmanns Hof bekannt ist, verbrennungsmotorgetriebene Fahrzeuge: Er dient am Rathaus schlicht als Parkplatz.

Da die Lokomobile, wie beschrieben, überall eingesetzt werden konnten, nutzten die Gerber die Energie des Wasserdampfes zum Mahlen der Lohe, die in feiner Form ebenso feines Leder hervorbringen mußte. Entsprechend zählte Bostelmanns Lokomobil zu den regelmäßigen Besuchern der Gerberei Meyerhoff auf der Burg, um zur Unterstützung dieses alten Handwerkes im Lohnauftrag den Rindenschneider und die Lohmühle anzutreiben.

Bis nach dem zweiten Weltkrieg konnte man Getreide an der Visselhöveder Straße dreschen lassen. An deren Ende, am Ort des Busunternehmens Schirrmacher, standen die entsprechenden Maschinen für die Kunden bereit. Deshalb ließen die Meyerhoffs, die durch die Übernahme von Teilen der Soltauer Feldmark ebenfalls zu Akkerbürgern geworden waren, das Korn dort dreschen. Der Weg zu ihren Feldern auf dem „Hoynfeld" und „Auf den Beeten", an den Eisenbahnstrecken nach Langwedel und Neuenkirchen gelegen, führte an diesem Dreschplatz vorbei. Somit mußte beim Transport zur Burg kein Umweg gefahren werden. Eine weitere Dreschmöglichkeit bestand gleich rechts hinter der Abzweigung der Visselhöveder von der Walsroder Straße zwischen Freytags Kohlenschuppen und dem Mitte der 1970er Jahre abgerissenen Wasserturm der früheren Reichs- und späteren Bundesbahn.

Neben den Unternehmen, die die beschriebenen Lohnarbeiten ausführten, betrieb die Firma Breiding eine eigene Dreschmaschine, allerdings ohne Lohndruschdienste zu übernehmen. Sie befand sich in der ehemaligen Scheune an der Böhmheide. An dieser Stelle befindet sich heute das neue Polizeigebäude.

Am Prinzip der Nutzung von Lohnarbeiten hat sich bis heute nichts wesentliches geändert. Im landwirtschaftlichen Bereich gibt es nach wie vor Lohnunternehmer, die unter anderem private Auftraggeber bedienen, und bäuerliche Gemeinschaften, wie zum

Beispiel die Maschinenringe, die sich auf diese Art der Dienstleistung spezialisiert haben und die ihre Gerätschaften auf den Feldern derjenigen arbeiten lassen, die keine eigenen für die Bearbeitung der entsprechenden Flächen besitzen.

Wat tum Högen

Der Schulrat besucht eine Schule und überzeugt sich in der Rechenstunde über das Wissen der Kleinen. Dabei entwickelt er: 5+2=7. Schnell kommt ein Finger hoch, ein kleiner Mann folgt: „Du, dat stimmt nich! Gistern hett de Scholmeister seggt, veer un dree würn söben!"

Stammtischpromotion

In Meyns Hotel in Soltau gab und gibt es heute noch verschiedene Stammtische, die sich dort traditionsgemäß seit Jahrzehnten zusammenfinden. An einem Sonntag in den fünfziger Jahren des vergangenen Jahrhunderts fanden sich dort wieder einige Honoratioren zum morgendlichen Frühschoppen zusammen. Die Allgemeinmediziner Doktor Wüstenberg und Doktor Hartmann waren mit dem Zahnarzt Doktor Schnelle und dem damaligen Pförtner der Breidingschen Bettfedernfabrik, Wischmann von der Böhmheide, im Gespräch vertieft, als sich ein Hotelgast dazugesellte. Er stellte sich jedem vor: „Guten Morgen, mein Name ist Dr. Soundso." „Angenehm, Dr. Wüstenberg," antwortete der Erste der drei Soltauer Doktoren. Der Gast wandte sich mit seiner Vorstellung dem nächsten zu und erhielt ebenfalls höfliche Antwort: „Angenehm, Dr. Hartmann." Die Begrüßungsantwort von Schnelle fiel gleichermaßen aus: „Angenehm, Dr. Schnelle." In der Erwartung, daß sich nun

Bild 57 *Das Hotel Meyn hat sich äußerlich bis heute kaum verändert. Die Schulkinder trugen noch Ranzen aus Leder und die Straße war noch leer.*

Bild 58 In diesen Räumen des Hotels an der Friedenstraße fanden und finden die Stammtische statt.

der vierte Doktor vorstellen würde, gab der unbekannte Gast bei Wischmann schon vorher auf und sagte nur noch: „Ach, laß 'n se man!" Es kam, wie es kommen mußte. Von diesem Tag an hatte der gute Wischmann seinen Spitznamen weg: Doktor Lassemann!

Bild 59 Ob der fremde Doktor bei seiner Abreise wohl solch einen Kofferaufkleber bekam? (1950er Jahre)

Der 17. April 1945

Britische Einheiten im Kampf um Soltau

Am 17. April eines jeden Jahres jährt sich einer der katastrophalsten Tage in der jüngeren Geschichte der Stadt Soltau. Nachdem in den letzten Februartagen des Jahres 1945 bereits Bombenangriffe auf beide Bahnhöfe stattgefunden hatten und am 11. April erneut, wobei etwa 60 Häuser, vor allem im südlich davon gelegenen Stadtgebiet, schwer beschädigt oder völlig zerstört wurden, sollte der 17. Tag des Monats zum Höhepunkt der Soltauer Kriegshandlungen werden. Seine Ereignisse bestimmten in vielen Teilen die Entwicklung der Stadt nach dem 2. Weltkrieg.

Zeitzeugen, unter anderem dem damaligen Bürgermeister Klapproth, ist es zu verdanken, daß die Details der Einnahme der Stadt durch die britische Armee erfaßt und aufgezeichnet werden konnten. Klapproth bekam wenige Jahre nach dem 2. Weltkrieg den Auftrag der Stadt, die Kriegsereignisse im späten Winter und Frühjahr 1945 in Form einer Dokumentation zu erfassen. Als unmittelbar am Geschehen Beteiligter, der während der sich überschlagenden Ereignisse vor, während und nach diesen Tagen als Bürgermeister an der Stelle, an der zentral alle Informationen aus dem Stadtgebiet und nach Einnahme der Stadt auch von den Engländern zusammenliefen, war er prädestiniert, diese Informationen zu sammeln, aufzuarbeiten und für die Nachwelt aufzuzeichnen. Daraus entstand die 1955 erschienene Kriegschronik, die umfassend und detailreich diesen Zeitabschnitt der Soltauer Geschichte beschreibt. Viele, in den Nachkriegsjahren aufgezeichnete und dafür verwendete Protokolle der Zeitzeugen wurden in das Soltauer Stadtarchiv aufgenommen. Die Dokumente beschreiben zwar aus Sicht der Stadt und ihren Einwohnern die Tage der Übernahme, jedoch sind hier Angaben über diese Phase der Kriegshandlungen aus britischer Sicht weniger bekannt. Diese Lücke versucht die hier vorliegende Abhandlung weiter zu schließen.

Während für die Soltauer Einwohner in den Tagen und Wochen vor der Einnahme, dann am 17. April und in den darauf folgenden zwei Monaten zum großen Teil ungeregelte, ja chaotische Zustände herrschten, die kaum die nüchterne Erfassung, geschweige denn Aufzeichnung der Ereignisse erlaubten, konnten die Briten als treibende und das Geschehen bestimmende Macht den Kriegsverlauf geordneter erfassen und damit besser für die Nachwelt festhalten. Zwar fertigte der Stadtbaumeister Crome am 17. April tagsüber in der Luftschutzbefehlsstelle im Neubau des

Bild 60 Der spätere amerikanische Präsident, General Eisenhower (rechts), besucht Montgomery, der erst nach der Normandie-Offensive Feldmarschall wurde, am 31. März 1943 in Tunesien. Der Verlauf der Kriegsgeschichte verband die beiden bis zur deutschen Kapitulation 1945 und darüber hinaus.

Finanzamts laufend Berichte über die Ereignisse an, diese gingen jedoch beim späteren Verlassen des brennenden Gebäudes verloren. In der Nachkriegszeit erschienen im englischen Sprachraum bereits frühzeitig verschiedene Bücher, die die Kriegsgeschichte beschrieben. Sachbücher und die Memoiren bekannter britischer Kriegsteilnehmer, wie die des Feldmarschalls Bernhard Law Viscount Montgomery of Alamein, ergeben, teils im großen Zusammenhang, teils detailliert, ein übersichtliches Bild der letzten Kriegsmonate. Andere, deutsche Quellen enthalten weitere Informationen. So beschreibt Ulrich Saft in seinem Buch „Krieg in der Heimat – Das bittere Ende zwischen Weser und Elbe„ ausführlich die letzten Tage zwischen Aller und Elbe. In der modernen Welt des Internets findet man zahlreiche Seiten mit spezifischen Informationen, die von vielen, heute noch existierenden Einheiten der britischen Armee, diversen Organisationen und Privatpersonen diesen Teil der Geschichte aufarbeiten und darstellen. Aus solchen Quellen lassen sich viele Informationen gewinnen, die die Ereignisse gerade am Beginn des Jahres 1945 und in dessen Frühjahr hinsichtlich der britischen Anteile beschreiben.

Zum Geschehen: General Eisenhower als Oberkommandierender des Alliierten Expeditionskorps plante nach dem Ausbruch aus der Normandie, beginnend an der Seine, in nordöstlicher Richtung einen breitgefächerten Angriff auf die deutsche Westgrenze mit Schwerpunkten auf die Ruhr- und Saargebiete. Im Gegensatz dazu bevorzugte Montgomery einen konzentrierten Vorstoß der damals nordwestlich von Orleans bis zur Seine-Mündung stehenden 12. Amerikanischen und 21. Britischen Armeegruppe mit zusammen 37 Divisionen über Belgien und das Ruhrgebiet nach Norddeutschland, im Osten flankiert von der 7. U.S. Armee. Mit diesem Vorgehen erhoffte sich Montgomery die Neutralisierung der wichtigen Nordseehäfen mit Hamburg und in der Folge einen weiterführenden schnellen Vorstoß auf Berlin als die Hauptstadt seines Gegners. In einem persönlichen Gespräch der beiden Generäle am 23. August 1944 festigte Eisenhower seinen Standpunkt. Erst einen Monat später, am 23. September, schwenkte der Amerikaner auf die vorgeschlagene, britische Vorgehensweise ein, was Montgomery jedoch als zu spät feststellte, da die von ihm vorhergesehene Ausdünnung der einzelnen Einheiten, insbesondere des Nachschubes, aufgrund der breiten Front ein effektives, konzentriertes Vorgehen nicht mehr zuließ. Es blieb jedoch keine Wahl. Der Vorstoß in Richtung Nordosten mußte beginnen.

Anmerkung: In der Geschichtsschreibung stellen die amerikanischen Quellen die Notwendigkeit der Vorgehensweise durchaus anders dar: Eisenhower sei es zu verdanken, daß die amerikanische und britische Armee nach der alliierten Landung in der Normandie, insbesondere nach Bestehen der dortigen schweren Kämpfe, erst aufgrund seiner Entscheidungen zu einem gemeinsam operierenden Team zusammenwuchs. Montgomery hingegen erklärte später, daß der kommandierende General Bradley der kooperierenden 1. Amerikanischen Armee bezüglich eines konzentrierten Vorstoßes zunächst seiner Meinung war. Allerdings schloß sich Bradley im weiteren Verlauf der Meinung Eisenhowers an.

Das speerspitzenhafte Vorgehen der Truppen Montgomerys sollte sich in den Folgemonaten bis hin zur Kapitulation der deutschen Streitkräfte, auch und gerade im einzelnen Kampfgeschehen, wiederfinden, wobei jedoch Aktionen, wie im holländischen Arnheim[1], durchaus fehlschlu-

Bild 61   Eine Wüstenspringmaus der Gattung Jaculus ziert das Emblem der 7. Panzerbrigade.

gen. Ein zusätzlich treibender Faktor, der ein schleuniges Vorgehen erforderte, ergab sich aus der russischen Absicht, möglichst schnell das ebenfalls durch Deutschland besetzte Dänemark einzunehmen, um den Zugang zur Ostsee kontrollieren zu können. Die drohende russische Vorherrschaft lag nicht im Interesse der westlichen Alliierten, die deshalb vor den Russen in Schleswig-Holstein und Mecklenburg an der Ostsee ankommen wollten.

---

[1] Operation Market Garden: Vergeblicher Versuch, die Brücke über den Niederrhein einzunehmen.

In der dritten März-Woche 1945 standen die alliierten Truppen auf der gesamten Länge des Rheins von der Schweizer Grenze bis an die Nordsee. Zum Beginn der Operation Plunder (Unternehmen "Beute", auch als Unternehmen "Plünderung" übersetzbar) überschritten die ersten Einheiten der 7. Britischen Panzer-Division, die erst kurz vor Kriegsbeginn in Nordafrika aufgestellt wurde, den Fluß bei Wesel. Aufgrund ihrer Erfolge in der Niederkämpfung der deutschen Truppen auf dem afrikanischen Kontinent, mit dem Höhepunkt der Kämpfe um El Alamein, dem Durchbruch nach Tunis und ihrem weiteren erfolgreichen Einsatz in Italien, galt die 7. Panzer-Division in der britischen Armee als Elitetruppe, was sie zum

Favoriten Montgomerys machte, der sie in der Normandie und den folgenden Kampfphasen an zentralen Stellen einsetzte. Erst nach der Landung in Westfrankreich, in Erinnerung an die Kämpfe in Nordafrika, legte sich die Division das bis heute getragene Emblem der Wüstenratte zu, das in Soltau lange Jahre am Haupttor der Reitschule in der Winsener Straße die Präsenz der zu ihr gehörenden 7. Panzerbrigade mit ihrem Hauptquartier anzeigte.

Bild 62   Das Emblem der 7. Panzerbrigade, das in roter Farbgebung verwendet wird.

Tatsächlich zeigte das Emblem keine Wüstenratte, sondern eine Wüstenspringmaus der Gattung Jaculus, was aber vermutlich nicht martialisch genug klang. Das Hauptquartier wurde später nach Bergen Hohne und Bad Fallingbostel verlegt.

Nach Erreichen des Weser- und Allerabschnittes standen die Briten vor der Aufgabe, Bremen und die Geestgebiete der Lüneburger Heide einzunehmen, letztere insbesondere als Ausgangsbasis für die Eroberung Hamburgs. In bekannter Weise ließen Montgomery und seine Generäle, nach schwierigem Überschreiten der Aller, ihre Truppen in Keilen die verschiedenen Widerstandsnester angreifen. Sie versuchten jedoch, die am heftigsten Kämpfenden – wie aus britischer Sicht auch Soltau – zu umgehen, um den schnellen Vorstoß auf Hamburg nicht zu gefährden. Teile der 7. Panzer-Division mußten daher zur Neutralisierung der in der Heide Widerstand leistenden Heeres-, SS- und Marineeinheiten eingesetzt werden, was unter anderem zu den Kämpfen am 16. und 17. April im Raum Soltau führte. Es ist anzumerken, daß andere Orte des Abschnittes, wie Rethem oder Visselhövede, ebenso unter den Gefechtshandlungen zu leiden hatten und in unserer Region somit nicht nur Soltau seinen Preis zu zahlen hatte.

Die am 16. und 17. April 1945 um und in Soltau eingesetzten britischen Truppenteile bestanden aus folgenden Einheiten: 1st Royal Tank Regiment (abgekürzt 1st RTR; 1. Königliches Panzer-Regiment), 5th Royal Tank Regiment (5. Königliches Panzer-Regiment),

Bild 63   Ein amerikanischer Sherman-Panzer in der englischen Variante mit 76,2 mm-Kanone, wie er vor der Soltau-Brücke abgeschossen wurde. Er hatte in der Truppe ausgerechnet den Spitznamen Firefly ... Glühwürmchen!

5th Royal Inniskillings Dragoon Guards (5. Königliche Inniskillings Dragoner, Spitzname „Skins"), 7th Royal Tank Regiment (7. Königliches Panzer-Regiment), Royal Scots Greys („Königlich-Schottische Graue", Panzer-Regiment mit Wurzeln aus dem Jahre 1694, seinerzeit beritten mit grauen Pferden), 8th (King´s Royal Irish) Hussars (8. [Königlich-Irisches] Panzeraufklärungs-Regiment), 11th (Prince Albert´s Own) Hussars (11. [Prinz Alberts eigenes] Panzeraufklärungs-Regiment), 3rd Royal Horse Artillery (3. Königliche Artillerie), 5th Royal Horse Artillery (5. Königliche Artillerie), AGRA (Army Group Royal Artillery: Königliche Artillerie der Armee-Gruppe), 9th Bataillon 155th Durham Light Infantry Regiment (9. Bataillon des 155. Leichten Panzergrenadier-Regiments Durham) als Teil der 131st Lorried Infantry Brigade (131. Motorisierte Infanterie-Brigade, früherer Namenszusatz: Queens). Anmerkung: Pionier-, Sanitäts- oder andere Unterstützungstruppen werden in dieser Betrachtung nicht berücksichtigt.

Die folgenden Abschnitte entstammen unter anderem der Beschreibung des Dokumentarbandes „Churchill´s Desert Rats".

Das 1. Panzer-Regiment verließ Walsrode in nördlicher Richtung und verlor bei Jarlingen einen Panzer durch Panzerfaustbeschuß (Typ Sherman, sowie ein Spähwagen). Vor ihnen, am Soltauer Stadtrand, verloren die 11. Husaren einen Spähpanzer durch den Treffer eines selten auftretenden deutschen Panthers. Dabei fielen drei Insassen. Der Panther wurde anschließend durch die 8. Husaren zerstört. Soltau wurde durch Infanterie und 88 mm-Panzerabwehrkanonen stark verteidigt und daher eingekesselt. Die 8. Husaren und Queens bei Dorfmark, das 1. Königliche Panzer-Regiment gut 3 km westlich und die 5. Inniskillings Dragoner im Süden.

Die Zuordnung zu den Ereignissen des 16./17. April, wie in der Kriegschronik Klapproths beschrieben, fällt hier schwer. Tatsächlich zerstörten die deutschen Truppen am 16. Nachmittags auf der Leitzinger Chaussee einen Panzer und einen Schützenpanzer mittels Panzerfaust, wobei der Panzer anschließend abgeschleppt wurde.

Bild 64 Seitenansicht eines Flammenwerferpanzers, Typ Krokodil, mit Einachsan-hänger für flüssigen Brennstoff. Neben der Hauptkanone ersetzte das kleinere Rohr des Werfers das Bord-MG.

Ulrich Saft hingegen berichtet hier vom Abschuß zweier Sherman des 1. Königlichen Panzer-Regimentes. Am Morgen des 17. April erfolgte auf derselben Straße ein erneuter Vorstoß, bei dem wieder ein Panzer und ein Spähwagen, diesmal durch eine Panzerabwehrkanone, abgeschossen wurden. Letztere stand gut getarnt im Wald westlich der Überführung der Neuenkirchener Bahn über die Bremer Strecke. Ebenfalls am 17. schoß der seit dem vorhergehenden Tag vor Hof Röders in Ahlften in Stellung stehende Panther einen Spähwagen ab, wobei drei britische Soldaten fielen. Durch Gegenwehr nur leicht beschädigt, blieb der Panther – vermutlich wegen Treibstoffmangels – dort liegen. Als neuester und damit hochinteressanter deutscher Panzer transportierten ihn die Engländer bereits nach zehn Tagen ab, während andere deutsche und britische Fahrzeuge oft monatelang liegenblieben. Bereits zuvor hatte im gleichen Abschnitt ein deutsches Sturmgeschütz den ersten britischen Panzer auf seinem Vorstoß von Wiedingen nach Ahlften außer Gefecht

gesetzt. Diesem Ereignis folgte zur Aufklärung vermutlich der später vernichtete Spähwagen.

Das Buch berichtet weiter: Am 17. April führten

Bild 65   Flammenwerferpanzer, Typ Krokodil, im Einsatz.

die Skins, verstärkt durch die Royal Scots Greys und das 7. Panzer-Regiment der 4. Panzer-Brigade den frontalen Angriff auf Soltau durch, in dessen Verlauf auch Flammenwerfer eingesetzt wurden. Nicht nur die Königliche Artillerie beteiligte sich an der Beschießung der Stadt, sondern ebenso die schwere Artillerie AGRA mit ihren 18,3 cm-Großkaliber-Geschützen.

Der englische Augenzeuge John Pilborough von einem Spähtrupp der Skins schrieb: „Die nächste Salve kam an der richtigen Stelle herunter: Zwei Granaten landeten direkt in der Stellung der 75 mm-Panzerabwehrkanone. Dann zog Kompanie C mit den Flammenwerfern das Tal hinunter und brannte die Gegenwehr aus dem gegenüberliegenden Wald heraus (die heutige B 209 von Mittelstendorf über Willingen; zuvor hatte die Panzerabwehrkanone, die neben der Panzersperre Willingen stand, den vorderen von zwei englischen Spähpanzern auf Erkundung abgeschossen). Sie erreichten nach 3 km schnell die Innenstadt Soltaus, das zunächst frei von Gegenwehr schien. Der führende Panzer jedoch wurde durch eine Panzerfaust abgeschossen (vor Haus Springhorn in der Marktstraße direkt vor der Soltau-Brücke mit vier englischen Gefallenen), was in der Folge der Kampfhandlungen zum vollen Einsatz der Flammenwerfer führte. Die städtische Feuerwehr erschien und versuchte, noch während der Kämpfe Herr der Flammen zu werden. Am

Abend waren die Kampfhandlungen vorbei und die Stadt brannte gut."

Die hier nur am Rande erwähnten, für die Stadt so verheerenden Flammenwerfer gehörten zum 7. König-

Bild 66 *Ein zweiter Flammenwerfer, Typ Wespe, arbeitete auf einem kleinen Universalkettenfahrzeug. Für den Einbau des Werfers wich das Bordmaschinengewehr.*

lichen Panzer-Regiment. Bei ihnen handelte sich um mindestens zwei Fahrzeuge, da englische Quellen von zwei beteiligten Typen sprechen. Soltauer Augenzeugen hatten ebenfalls den Einsatz von zwei Flammenwerfern wahrgenommen. Ein Werfer gehörte zum Typ Krokodil, einem modifizierten Infanterie-Panzer vom Typ Churchill Mk VII mit einem Kampfgewicht von 41 t. Zwar gehörte der Panzer mit einer Höchstgeschwindigkeit von 20 km/h (auf der Straße) eher zu den langsamen Exemplaren seiner Klasse, dennoch war dieser Werfertyp in der britischen Armee sehr geschätzt. 800 Werfer wurden gebaut, 250 davon für den Einsatz im mittleren Osten. Der eigentliche Flammenwerfer ersetzte das Bordmaschinengewehr des Standard-Churchills. Zusätzlich zum verstärkten Angriff und zur Verteidigung trug das Fahrzeug eine 57 mm-Kanone. Zur Versorgung des Flammenwerfers zog es einen einachsigen Tankanhänger, der 1800 Liter Brennstoff faßte. Der Napalmstrahl erreichte in 80 Einzelwürfen mit jeweils 1 Sekunde Dauer Weiten von gut 100 Metern. Die normalen Churchills dienten zur Unterstützung der Infanterietruppen, stellten jedoch keine Schützenpanzer im heutigen Sinne dar. Das zweite Fahrzeug stammte aus der sogenannten Mk II-Serie der Universal Carrier (Universal-Trägerfahrzeug auf Kettenbasis), in das ebenfalls anstelle des Maschinengewehres ein Flammenwerfer vom Typ Wasp (Wespe) eingebaut war. Diese kleinen, ungewöhnlichen Kettenfahrzeuge trugen Panzerung, waren aber oben

Bild 67 Südteil des Finanzamtneubaues nach Beschuß (u.a. mit Flammenwerfern) und Brand am Abend des 17. April 1945.

offen, so daß ihre Besatzung bei Beschuß unbedingt die Köpfe einziehen mußte. Bei 4,5 t Kampfgewicht erreichten sie eine Geschwindigkeit von bis zu 48 km/h. Im Gegensatz zum Krokodil erfolgte die Versorgung des Werfers aus mitgeführten Behältern.

Die hier aus englischer Sicht beschriebenen Ereignisse beschreibt Klapproth in seiner Kriegschronik um einiges detailreicher und umfassender. Hier soll eine Kurzfassung helfen, die Vorkommnisse des 17. April zu verdeutlichen. Nach 17.00 Uhr sah der damalige Mittelschulrektor Baurichter, an der Einmündung der Tetendorfer in die Walsroder Straße stehend, die Schlange der zu den 5. Königlichen Dragonern und dem 7. Panzer-Regiment gehörenden Panzern, die sich bis nach Alm hinzog. Um 19.10 Uhr überfuhren die ersten Fahrzeuge den Bahnübergang der damaligen Reichsbahn in der Walsroder Straße. Sie bogen anschließend in den Rühberg und die Feldstraße ein. Der in Hamburg ausgebombte Bauinspektor Theune sah vor dem Gasthaus Niedersachsen drei britische Panzer langsam in

Bild 68 Laut Augenzeugen durften die Zerstörungen in den ersten Monaten nach der britischen Übernahme nicht fotografiert werden. So zeichnete sie Ernst Röders. Die Ruine des Wohnhauses Springhorn (Poststraße 14) stand links neben dem alten Rathausgebäude. Die im Hintergrund sichtbare Rotbuche dominierte noch lange den Platz am Rathaus im ehemaligen Springhornschen Garten. Nicht weit dahinter liegt das Haus, in dem der damalige Bürgermeister Klapproth wohnte (Rosenstraße 10).

Richtung der Soltau-Brücke fahren. Der Gerbermeister Wilhelm Meyerhoff berichtete gleichermaßen von diesem Vorstoß: „Auf dem Rückwege (vom Breidingschen Luftschutzkeller) sah ich, am Eingang der Burg stehend, 3 schwere vom Hotel „Stadt Bremen" zur Brücke ganz langsam fahrende Panzer. Sie hielten an und zwar der vorderste vor dem Hause Uhrmacher Springhorn (unmittelbar neben der Brücke), der zweite auf der Brücke und der dritte vor dem Hause Pönisch (Walsroder Straße 1). Hinter den 3 Panzern folgte eng aufgeschlossen eine starke motorisierte Kolonne mit aufgessener Infanterie; diese Kolonne reichte die Walsroder Straße hinunter,

115

soweit ich sehen konnte. Die Klappe des ersten Panzers wurde geöffnet und ein englischer Soldat gab mir durch Zeichen zu verstehen, daß ich verschwinden sollte, was ich auch schnell tat, indem ich mich nach meinem Hause begab. Ich habe etwa 5 Minuten hinter dem Fenster der Haustür gewartet und hörte dann hinter meinem Hause bei der Ratsmühle Motorengeräusch, sowie das Mahlen von Kettenfahrzeugen …

Da inzwischen das Telefon läutete, begab ich mich in mein Kontor nach vorne. Ich hatte noch nicht gesprochen, als ich folgende Beobachtung machte: Aus dem Hagen kam zwischen den Häusern Koch (heute Marktstraße 34) und Rieckmann ein Offizier oder Unteroffizier im langen Wettermantel mit 3 Soldaten heraus, von denen der Offizier eine Panzerfaust in der Hand hielt. Er sprang an den Baum vor dem Kochschen Hause, legte an diesen die Waffe an und feuerte sofort auf den vordersten Panzer ab. Er wurde getroffen, denn es gab einen lauten Krach, dem eine hohe Feuersäule folgte. Die beiden anderen Panzer eröffneten sofort das Feuer in Richtung Marktstraße 31, das schwer beschädigt wurde; es wurde mit Leuchtspurmunition geschossen. Anschließend wurde das Feuer gerichtet etwa eine viertel Stunde lang auf das Finanzamtsgebäude Rühberg; ich glaube, daß aus dem Gebäude Maschinengewehrfeuer kam, das ständig zu hören war …" Tatsächlich lauerte im Hagen ein sechs Mann starkes Panzerjagdkommando unter der Führung des Leutnants Saß. Abgeschossen wurde der Panzer gegen 19.30 Uhr durch einen zum Kommando gehörenden Unteroffizier namens Abarth.

Wieder Baurichter: „Mit dem lauten Knall, der die Häuser erschütterte, wechselte das Straßenbild sein Gesicht: Laute Kommandos ertönten, Motorräder rasten zurück, ein Maschinengewehr ratterte und die Panzer formierten sich neu. Einer fuhr in die Straße zum Reichsbahnhof, ein anderer richtete sein Geschütz zum Kleinbahnhof hin, andere schienen bei Wiegels in den Rühberg einzuschwenken, als stärker aufkommendes MG-Feuer mich wieder in den Keller trieb." (Luftschutzkeller Jobig, Walsroder Straße 33)

Der abgeschossene erste Panzer des führenden Zuges war ein Sherman amerikanischer Bauart und bildete die Spitze dieses Vorstoßes. Die Einheiten gehörten zu den 5. Königlichen Inniskillings Dragonern, einem englischen Panzer-Regiment mit langer Tradition, das sich 1927 aus den früheren 5. und 6.

Bild 69 Die südliche Häuserreihe der unteren Marktstraße wurde durch den Großbrand am 17. April abends vollständig zerstört. Der Blick ist frei auf die unversehrten Häuser der Burg: In der Mitte die Hausnummer 3, Lohgerber Carl Meyerhoff, rechts daneben Nr. 5, Lohgerber Wilhelm Meyerhoff, links das Werkstattgebäude der Tischlerei Weyermann, heute italienisches Restaurant.

Dragonern formierte. Letztere brachten den Namen des nordirischen Enniskillen aus der Grafschaft Fermanagh in die Bezeichnung des Regimentes ein, nachdem diese Stadt zwischen 1685 und 1689 aus dort Zuflucht suchenden Protestanten, mit zwei weiteren Regimentern, die 6. Inniskillings Dragoner aufgestellt hatte. Während der Kämpfe in der Normandie erwartete das Regiment die Umstellung auf Sherman-Panzer (32 t Kampfgewicht), erhielt jedoch wieder die altbekannten vom Typ Cromwell (19 t). Um den deutschen Panzern vom Typ Tiger und den großen Panzerabwehrkanonen mit ihrem Kaliber (88 mm) halbwegs standhalten zu können, erhielt jeder Zug, typischerweise aus drei Panzern bestehend, einen Sherman, Typ V, der bald mit einer stärkeren, britischen 76,2 mm-Kanone zum sogenannten Firefly („Glühwürmchen", Typ Vc) aufgerüstet wurde. Über 2100 Sherman erhielten die stärkere Bewaffnung. Allerdings galt der Panzer in der britischen Armee bei Beschuß als nicht besonders sicher, da er leicht Feuer fing, was ihm bei seinen Besatzungen den Namen Ronson einhandelte (eine bekannte

Bild 70 Die Ansicht lenkt den Blick auf den Hagen-Eingang in Richtung Marktstraße und Burg. Das Flachdachgebäude hinter der Baumleiche ist die damalige Schlachterei Vielguth, die nur kurz nach der Zerstörung in diesem Provisorium wieder ihren Betrieb aufnahm. Rechts im Hintergrund die Gerberei und Kürschnerei Meyerhoff.

Feuerzeugmarke). Von den Engländern selbst überliefert, nannten ihn die Deutschen aus diesem Grund Tommy-Kocher, was daher zur Schilderung der beschriebenen Vernichtung in der Marktstraße paßte.

Wie gehört, führte der Abschuß mitten in der Stadt in seiner Folge zu schwersten Schäden im Innenstadtbereich. Gewissermaßen zur Einschüchterung und Vergeltung kamen nun die Flammenwerfer zum Einsatz. Da die Soltau-Brücke durch den Abschuß versperrt war, nahmen die Briten die Route über den Rühberg, aus dessen Richtung ihnen MG-Feuer entgegenschlug. Die östliche Route über die Böhmheide wurde – wie von W. Meyerhoff berichtet – ohnehin schon durch Kettenfahrzeuge gesichert, die auf die Celler Straße vorrückten.

Ein kleinerer Panzer, gefolgt von den Flammenwerfern, danach wieder ein kleinerer und sichernde Infanterie setzten sich in Richtung Rühberg langsam in Marsch, der weiter durch die Kirchstraße bis zu ihrer Einmündung in die Poststraße führte. Die meisten an der Route liegenden Gebäude gerieten in Brand.

Bild 71 Der notdürftig reparierte Eingang des Gebäudes der Buchdruckerei Mundschenk an der Kirchstraße nach Einschlag einer Granate von den vom Rühberg her vorrückenden britischen Truppen. Zeitgleich befanden sich in den Kellerräumen etwa 50 Personen, die jedoch entkommen und das ausbrechende Feuer, wenn auch mühevoll, löschen konnten.

Manche konnten zum Teil nur mühsam gelöscht werden, während andere völlig aus- oder niederbrannten. Zu den völlig Zerstörten gehörten die Herberge zur Heimat (Ecke Wiesenstraße – Rühberg, ein Heim für durchreisende Handwerksgesellen, heute AOK), Carstens Lager- und Stallgebäude mit Wäscherei Vielguth, Finanzamtsneubau (zu dem Zeitpunkt befanden sich im Keller die Polizei, Luftschutzleitung und Luftschutzräume, darin über 250 dorthin geflüchtete Zivilisten), Haus Wiebusch (Nr. 12, gegenüber der Kreissparkasse), Altenheim (Nr. 7 – alle Alten wurden gerettet –, heute Kirchenkreisamt), Zahnarzt Haase (Nr. 2), Dransfelds Café, Restaurant und Hotel (Ecke Kirch- und Poststraße, heute Außenstelle des Spielzeugmuseums), Sattler Habermann an der Poststraße gegenüber (heute etwa linker Teil der neuen Rathauserweiterung), Wohnhaus Springhorn zwischen Habermann und der Rotbuche, sowie gegen-

über das Spring-
hornsche Geschäfts-
haus (Poststraße 13)
rechts neben der
Superintendentur
(heute Museum Sol-
tau – ‚Heimathaus').

Klapproth faßte
die Eindrücke zu-
sammen: Flammen,
Feuer, kleine und
große Einschüsse an
den Häusern, bren-
nende und ange-
sengte Häuser be-
zeichneten den Weg
der langsam mit
kurzen Halten fah-
renden und mar-
schierenden Kolon-
ne, machtlos und
mit panischem
Schrecken erfüllt,
kauern die Bewoh-
ner in den Kellern,
man glaubt, in der
Hölle zu sein! Das
Bellen der MGs,
Peitschen von Ein-
zelschüssen und

Bild 72 Das Bild zeigt die damals so genannte Dransfelds Ecke. Der Fotograf steht auf der Ruine des Geschäftes Springhorn Witwe (Tabak-, Colonial- und Mo-
dewaren, Konfektion) mit Blickrichtung Poststraße,
Buchhandlung Schütte. In der Mitte links ragen die Reste von Dransfelds Hotel, Café und Restaurant ins Foto
(vor dem Krieg siehe Bild 92). Der hohe Gebäudeteil
(links oben) der ehemaligen „Dampf-Kornbranntweinbrennerei W. Dransfeld" steht heute noch, während das
nach dem Krieg wieder aufgebaute Springhornsche Gebäude später der Stadtkernsanierung wich.

Die rechts oben zu sehenden Häuser von Eduard Leu-
dolph und der Buchhandlung Schütte sind inzwischen
verschwunden bzw. wurden durch Neubauten ersetzt.

dumpfe Ari-Schüsse mischen sich mit dem kreischenden Malen der
Panzerketten und dem Fauchen der flammenspeienden Maschinen,
dazu das Prasseln der sich immer mehr ausbreitenden Feuersbrunst!

Bild 73 Geschäft Springhorn Witwe einige Jahre vor der Zerstörung.

Über den Moment nach dem in Brand schießen der letzten Gebäude in der Poststraße schreibt er weiter: Nunmehr war der letzte in der Innenstadt geleistete Widerstand wenige Schritte vor dem Rathause gebrochen. Das Feuer war verstummt, alle deutschen Gruppen zogen sich befehlsgemäß in die Reitschule zurück. Zu diesem Zeitpunkt, etwa 20.30 Uhr – es war inzwischen dunkel – erinnert sich der Augenzeuge Studienrat Strothmeyer im Keller des Geschäftshauses Springhorn: „Die Panzer rauschten kurz weiter, hielten anscheinend vor dem Rathause, wo ich glaube, einige kurze (englische) „Hurras" gehört zu haben, so dann trat völlige Ruhe ein".

Damit endeten die Kämpfe in Soltaus Innenstadt.

Der Großbrand der Häuser der unteren Marktstraße entstand nicht durch direkten Flammenwerfereinsatz. Augenzeugen bekun-

Bild 74 Die gängigste Feldkanone der britischen Streitkräfte im 2. Weltkrieg: Der 25-Pfünder mit 8,8 cm Kaliber, hier in typischer Anordnung mit Protze und Zugmaschine.

deten übereinstimmend, daß die am alten Stadtgraben sich hinziehenden Hecken und Büsche zwar durch Flammenwerferbeschuß brannten, aber erst in der Folge die untermittelbar an seiner Westseite liegende Scheune des Bäckermeisters Springhorn entzündeten. Von dort sprang das Feuer über auf die damaligen Soltauer Möbelwerke des Tischlers Wellner (heute etwa Marktstraße 36). Dieser hatte Mühe, seinen Leichenwagen in Sicherheit zu bringen (In den darauffolgenden Monaten nutzten Italiener den Wagen bis zu seiner Rückgabe zum Transport von beschlagnahmten Lebensmitteln!). Es folgten Bäcker Springhorn und Uhrmacher Springhorn (heute etwa die Nummern 38 und 40 rechts vor der Soltau-Brücke) sowie Koch (südliche Ecke Hageneingang).[1] Von dort flogen brennende Dachpappestücke über den Hagen-Eingang und setzten die gegenüberliegenden Häuser Rieckmann sowie Abele in Brand (früher „Neue Drogerie Ernst Schröder"[2]). Brennende Pappe ließ ebenso die Häuser der gegenüberliegenden, südlichen Seite der Marktstraße in

---

[1] Siehe Bild 139.
[2] Siehe Bild 140.

Flammen aufgehen. Begünstigt durch die eng aneinandergeschmiegt stehenden Gebäude und die Schäden durch Artilleriebeschuß fachte der Westwind dieses überdurchschnittlich warmen Apriltages den Brand an. Zuerst fing Bäcker Westermann Feuer (Westecke Burg-Eingang, später Brockmann), dann folgten nacheinander östlich Schlachter Vielguth (spätere Fleischerei Brettschneider), dahinter auf der Burg das von Vielguth erworbene ehemalige Wohnhaus von Tischler Weyermann (heute Garagen), westlich zur Soltau hinunter Drechsler Werner (etwa spätere Burg-Apotheke), von Alm (ebenso), von Ahlften (heute Schuhgeschäft), Schuhmacher Dettmer (ebenso) und Dünemann (vor Soltau-Brücke; Büromaschinen). Auf der Burg gerieten die Häuser Pape, Carstens und Müller zwar kräftig in Brand, konnten später jedoch gelöscht werden.

Aufgrund des sich abends entwickelnden und über die Nacht hinziehenden Großbrandes der Innenstadt glaubten Beobachter aus den umliegenden Dörfern zunächst an die völlige Vernichtung der Stadt. Das riesige Flammenmeer erhellte nicht nur den Innenstadtbereich, sondern das gesamte Himmelsareal über Soltau. Nicht direkt Betroffene berichteten von einem … phantastischen, schaulich schönen Anblick, man glaubte, daß die ganze Stadt abbrannte …, während Pastor Salfeld in der Birkenstraße … ein einzigartiges Singen und Klingen, fast wie von Kirchenglocken … wahrgenommen haben wollte.

Die Hauptabteilung, die sich der Stadt von Süden, die Walsroder Straße entlang, vorsichtig genähert hatte, konnte nicht als ungesicherte Speerspitze ohne Seitensicherung agieren. Nach den beschriebenen Panzerabschüssen in Leitzingen am Nachmittag des 16. April umging die Vorhut der 7. Panzer-Division, das 1. Königliche Panzer-Regiment, mit 50 Panzern Soltau bereits am selben Tag nordwestlich bis zur heutigen B 71 bei Wiedingen (Menkenhof). Die Hauptmasse der Division folgte am 17., mit – nach Augenzeugenberichten – etwa 1000 Fahrzeugen von Walsrode kommend, über Jarlingen (siehe dortiger Abschuß des englischen Panzers), Woltem, Leitzingen, Falshorn, Ellingen und Vahlzen weiter nach Schneverdingen.

Die Königlichen Panzer-Regimenter wurden im Ersten Weltkrieg zur Bemannung der ersten Fahrzeuge dieser vorher nie existierenden Gattung aufgestellt. Bis zum Ende des Zweiten Weltkrieges gab es zwölf britische Panzer-Regimenter (1. bis 12.) und zwölf weitere in Reserve (40. bis 51.).

Weitere Flankensicherungen im westnordwestlichen Bereich stießen am 17. April morgens auf Falshorn, Leverdingen, Ellingen, Wolterdingen und Ahlften vor (siehe Abschüsse dort). Infolge der beschriebenen Panzervernichtung auf der Leitzinger Chaussee, am 17. Morgens, rückten von Westen entlang der Bremer Bahnstrecke Einheiten des 9. Bataillons, 155. Panzergrenadier-Regiment (Durham Light Infantry), auf die Stadt vor. Wie die Inniskillings-Dragoner oder andere Einheiten der britischen Streitkräfte, konnte die Durham Light Infantry eine jahrhundertewährende Geschichte vorweisen, bis sie 1968 mit anderen Infanterie-Regimentern zu einer einzigen Einheit, der „Leichten Infanterie", verschmolzen wurde. Bereits

Bild 75   Der selbstfahrende 25-Pfünder: Sexton-Panzerhaubitze, wie sie die K-Batterie des 5. Königlichen Artillerie-Regimentes einsetzte.

1881 wurde die Durham-Infanterie mit seiner bis dato gültigen Namensgebung gebildet. Es entstand aus dem in der Nähe der englischen Nordseeküste bei Newcastle-upon-Tyne 1758 aufgestellten Vorgängerregiment der Grafschaft Durham, des sogenannten 68th Regiment of Foot (das 68. Infanterie-Regiment … bei wörtlicher Übersetzung käme sicher etwas anderes heraus …).

Die anderen, süd- und südöstlich liegenden Eingänge Soltaus mußten gleichermaßen genommen werden, wobei die Vorstöße dorthin gleichzeitig die Felder und Wälder säubern sollten. Deshalb setzten die Briten eine gemischte, aus Panzern, Schützenpanzern und Spähwagen bestehende Abteilung ein, die, von Mittelstendorf kommend, über Dannhorn in Richtung Soltau vorstieß. Die Aufgabe teilten sich Einheiten der 5. und 7. Königlichen Panzer-Regimenter sowie weitere des 9. Bataillons des 155. Leichten Panzergrenadier-Regiments Durham. Die Truppenteile bildeten vier Flankensicherungsgruppen, die nacheinander auf verschiedenen Routen die Stadt, beginnend im Bereich der Kreuzung des Meßhäuser Weges mit dem Weg Tetendorf – Alm (heute Auslieferungslager Firma Jawoll), von Süden her angriffen. Gegenwehr leisteten noch die Soltauer Volkssturmgruppen Baurichter und Behlau.

Die erste britische Gruppe rückte entlang des Meßhäuser Weges vor, in dessen Verlauf die dort aufgestellte deutsche 8,8 cm-Panzerabwehrkanone von seiner Besatzung bei ihrer Flucht unbrauchbar gemacht wurde. Die zweite Gruppe stieß querfeldein in Richtung Alter Grenzweg (durch das heutige Neubaugebiet um die Schuhmacherstraße) und Damm der ehemaligen Neuenkirchener Kleinbahn vor, während die dritte in Teilen ebenfalls querfeldein und über die Straßenspinne Soltau – Meßhausen – Tetendorf – Hof Loh in die Tetendorfer Straße und die umliegenden Anwesen vorstieß. Dieser, am 11. April durch Bomben schwer zerstörte Stadtteil, erlitt hierbei weitere starke Zerstörungen, so daß verschiedene Häuser, die unversehrt geblieben waren, jetzt genauso vernichtet wurden.

Die vierte Flankensicherungsgruppe erreichte Tetendorf um 18.30 Uhr. Von dort erfolgte der Weitermarsch in die Celler Straße. Über diese Einheiten berichtete ein in Tetendorf auf Hof Steinke arbeitender italienischer Offizier, daß sich darunter französisch sprechende Kanadier befunden hätten, was aus anderen zugänglichen Quellen nicht bekannt ist. Um 20.00 Uhr wurde Krauls Ecke erreicht. Der Vorstoß verlief weiter durch die Wilhelmstraße, wobei ein gefangengenommener Leutnant als lebendes Schutzschild vorangehen mußte. Um 21.00 Uhr erreichte die Truppe die Volksbank an Thierbachs Ecke und damit die Spitze der in der Poststraße entgegenkommenden Hauptabteilung.

Bild 76 Solche 7,2 Zoll-Haubitzen (Kaliber 18,3 cm) feuerten am 17. April 1945 die schwersten Granaten auf Soltau.

Den eingangs geschilderten Ereignissen vor dem Beginn der Einnahme Soltaus ging eine heftige Beschießung durch britische Artillerieeinheiten voraus. Durch das Geschehen ausserhalb der Stadt am 16. April und die aus Westen deutlich vernehmbaren Fahrgeräusche der vielen Kettenfahrzeuge löste der Bürgermeister am 17. morgens um 07.10 Uhr Panzeralarm aus, in der Annahme, daß die ersten Fahrzeuge kurzfristig im Stadtgebiet auftauchen würden. Allerdings verlief der Vormittag zunächst weitgehend ruhig, so daß die Einwohner es sogar wagten, Einkäufe zu tätigen. Mit der vermeintlichen Ruhe war es dann um 11.00 Uhr vorbei. Aus Richtung Mittelstendorf begann die Beschießung Soltaus. Sie zog sich bis zum Abend hin, wobei nachmittags bis 18.00 Uhr drei Hauptbeschußphasen starke

Zerstörungen anrichteten, deren Schäden, wie beschrieben, die spätere Brandentwicklung unterstützten. Zwischendurch überflogen mehrfach britische Flugzeuge, vermutlich Artilleriebeobachter, die Stadt. Selbst ein Hubschrauber wurde damals eingesetzt! Gegen 16.30 Uhr kam es zu einem heftigen Artillerieduell mit deutschen Stellungen, die sich am nordöstlichen Stadtrand bis nach Oeningen und Höpenhof im Bereich der von Klapproth so genannten Kleinbahnfront verteilten. Die britischen Einschüsse lagen in einem 400 Meter breiten Streifen von der Ratsmühle, über die Marktstraße, den Rühberg, die St. Johanniskirche, deren Turmhelm stark beschädigt wurde, bis hin zu den Soltau -Wiesen nordwestlich der heutigen Stadtwerke. Der Beschuß erfolgte durch etwa fünfzig Geschütze aus vier Hauptbereichen (Dorfmark, Mengebostel, Jettebruch, Willingen).

Dabei kamen unterschiedliche Kaliber zum Einsatz. Die 18,3 cm-Haubitzen der schweren Artillerie (AGRA) der 21. Armeegruppe schossen aus südlicher Richtung. Dieser Kanonentyp ging aus einer 20,3 cm-Haubitze des ersten Weltkrieges

Bild 77   Amerikanische Feldhaubitze, Typ M2, Kaliber 105 mm, wie sie auch bei den britischen Artillerieeinheiten in Dorfmark im Einsatz war.

hervor, deren Auslegung man modernisierte, was eine maximale Reichweite von 15.400 Metern erbrachte. Bei Ihnen handelte es sich vermutlich um die in Dorfmark von Klapproth festgestellten schweren 15 cm-Haubitzen. Über solche Kaliber ist in den englischen Quellen nichts bekannt. Die ebenfalls von dort feuernden 10,5 cm-Geschütze gehörten zum amerikanischen Haubitzentyp M2, der während des Krieges über 8.500 Mal gebaut wurde. Die britische Artillerie setzte ihn aber eher selten ein. In großen Stückzahlen hingegen – mehr als 12.000 wurden gebaut – nutzten die Briten den englischen, sogenannten 25-Pfünder, eine Feldkanone auf Lafette mit Zugmaschine, die mit Kaliber 8,8 cm 12.200 Meter Kampfentfernung erreichte. Britische Kriegsteilnehmer berichteten, daß sie, aufgrund der schnellen Schußfolge – vor dem Einschlag des ersten Projektiles – bis zu fünf Geschosse gleichzeitig in der Luft haben konnte. Bei direktem Beschuß sollen öfter zwei deutsche Panzer hintereinander durchschlagen worden sein, mit weiteren Zerstörungen im dahinterliegenden Bereich. Die Kanone entstand aus der Erfahrung von vierzig Kriegsjahren und stellte die Hauptbewaffnung des 3. Königlichen Artillerie-Regimentes dar. Die Wurzeln dieser Einheit lagen in der 1901 in Indien gebildeten 10. Königlichen Artillerie-Brigade. Im Gegensatz zum 3. setzte das ebenfalls bei Soltau beteiligte 5. Königliche Artillerie-Regiment 25-Pfünder bereits als selbstfahrende Panzerhaubitzen ein, Sexton genannt, was ausgerechnet Kirchendiener heißt. Bei der Namensgebung folgten die Briten damit den Amerikanern, die ihre als Vorbild dienende Haubitze Priest nannten (Priester). Aussagen über Artilleriestellungen in Jettebruch, die im Zusammenhang mit gepanzerten Fahrzeugen überliefert wurden, sind mit hoher Wahrscheinlichkeit diesem Regiment zuzuordnen, da die äußere Erscheinung des Sexton stark der eines Panzers ähnelte. Das 5. Artillerie-Regiment entstammte einer 1901 in Südafrika gegründeten Artillerie-Brigade (11th RHA).

Bei den in der Kriegschronik erwähnten leichten 7,5 cm-Batterien im Raum Mengebostel – Willingen wird es sich um 17-Pfünder gehandelt haben, Panzerabwehrkanonen mit einem tatsächlichem Kaliber von 76,2 mm und 9.100 Metern Reichweite, wie sie auch im beschriebenen Sherman Firefly verwendet wurden. Zu den im Weser-Elbe-Abschnitt kämpfenden Einheiten gehörte das 65th Anti-Tank Regiment (Norfolk Yeomanry) Royal Artillery, das solche Geschütze einsetzte (65. Panzerabwehr-Regiment der Königlichen Artillerie [Freisassen von Norfolk]). Selbst das ebenfalls zu den britischen Truppen dieses Abschnittes gehörende 15th [Isle of Man] Light Anti-Aircraft Regiment Royal Artillery (15. Leichtes Regiment der

Luftabwehr der Isle of Man, Königliche Artillerie) kann solche angewendet haben, da man sie in diesen Einheiten zur Luftabwehr einsetzte.

Wie bei allen Kriegen weltweit, ob durch sogenannte unzivilisierte oder zivilisierte Länder ausgetragen, finden sich unter den Akteuren immer schwarze Schafe, die verbrecherisch handeln, gegen die Genfer Konvention verstoßen oder nur gegen die guten Sitten. Genauso blieb die britische Armee bei ihren Kämpfen um und in Soltau nicht von solchen Auswüchsen verschont, wobei Alkohol oft eine Rolle spielte. Schlimm traf es die Einwohner des Gasthauses auf der Alm. Der aus Soltau geflohene Schwiegervater Otto Warnekkes, André Lütjens, Besitzer des Hotels Stadt Bremen, schlief zusammen mit einem ostpreußischen Flüchtling in einem Zimmer der Gaststät-te. Dessen lange, neben dem Bett stehenden Stiefel hielt ein betrunkener britischer Soldat bei der Hausdurchsuchung für SS-Stiefel und schnitt ihm deshalb mit der Begründung „SS-Mann" die Kehle durch! Der Fall soll später von der Militärpolizei untersucht worden sein.

Schreckensminuten auch bei einem älteren Bauernehepaar auf dem Lande, von den Engländern selbst überliefert (aus: Churchill´s Desert Rats): Eines Nachmittags auf dem Vormarsch nach Soltau kam ein alter deutscher Bauer, 65 bis 70 Jahre alt, zum Panzermann Albert Mitchell vom 5. Königlichen Panzer-Regiment:

„Er winkte mit seinen Armen, zeigte zu seinem Bauernhof und versuchte, mich dort hinzuziehen. Ich nahm mein Gewehr und lief, ohne groß nachzudenken, hinterher. Einer meiner Kameraden war in der Scheune. Betrunken versuchte er, die Ehefrau – ebenfalls etwa 60 bis 70 Jahre alt – zu vergewaltigen. Sie schrie und war völlig aufgelöst. Ich zielte mit meinem Gewehr auf meinen Kameraden und sagte zu ihm: „Ted, laß sie in Ruhe oder ich drücke ab". Er beschimpfte mich und wich schließlich zurück. Ich brachte ihn zurück zu unseren Linien, wo er seinen Rausch ausschlief".

Am 17. April um 07.00 Uhr legten deutsche Pioniere eine Minensperre direkt vor der Bahnunterführung über die damalige Reichsstraße 3 bei Wolterdingen (heute B 3 hinter der Abzweigung Grenzwall), in die später ein mit zehn Soldaten besetzter deutscher Spähwagen auf seinem Rückzug, aus Richtung Soltau kommend, fuhr und explodierte. Britische Soldaten „nahmen den Toten am nächsten Tag alles ab". Bei den einfachen Soldaten der britischen Truppen, die oft aus einfacheren Verhältnissen kamen, waren vor allem Taschenuhren und Radios beliebt. So wechselten unzählige Uhren ihre Besitzer, wobei sich ein Brite im Abschnitt Tetendorfer Straße dazu verstieg, zu erklären: „Das sei Kriegsbrauch!". Wer vor den Hausdurchsuchungen sein Radio nicht sicher genug versteckte, war es los. Die Mutter des Verfassers vergrub ihres im Hof des Hauses in der Rosenstraße. Ebenso wurde viel Schmuck mitgenommen. Großen Respekt hatten die englischen Soldaten jedoch vor ihren Offizieren. Waren solche in der Nähe, wurden Uhren sogar zurückgegeben! Auf dem Hof Heuer in Ellingen bezahlte man entnommene Eier zwar gut, versteckte Schmucksachen nahm man aber mit und Jagdgewehre zerstörte man durch darüberrollende Panzer. Der Hof Falshorn wurde nicht durchsucht, da ein Offizier die gute Behandlung russischer und ukrainischer Kriegsgefangener feststellte. In der Soltauer Ratsmühle mußte Frau Gutzeit Eier und Bratkartoffeln für 20 Mann kochen, die dort übernachteten und sich „im allgemeinen ordentlich benahmen", zehn Flaschen Wein gingen den kriegsüblichen Weg. Die Taschenuhr ihres Mannes blieb da, er hatte sie im Stiefelschaft versteckt. Der englische Augenzeuge Jim Boardman berichtet ebenfalls von einer Übernachtung: „Die kommende Nacht teilten wir ein Haus mit einer deutschen Familie. Sie blieben uns fern und verbargen sich im Keller. Wir zeigten keine Sympathie für diese Leute und ein Gefühl fröhlicher Ungezwungenheit ließ uns den Panzer im Vorgarten parken."

Es muß jedoch festgehalten werden, daß die britischen Soldaten ebensooft hilfsbereit oder korrekt agiert haben. Wo immer Kinder auftauchten, bekamen sie Schokolade oder Kekse. Bei den nächtlichen Bränden wurde schon mal bei der Rettung eines Gasherdes geholfen oder beim Löschen. Ebenso erhielt die Feuerwehr Kraftstoff, um die Motorspritze an der Brücke Wilhelmstraße weiterbetreiben zu können. Allerdings verzögerten angetrunkene Soldaten den Einsatz von Spritzen an den Soltau-Brücken am Rühberg und an der Walsroder Straße erheblich.

Mit dem Panzerabschuß vor der Soltau-Brücke in der Marktstraße am 17. April 1945 ging das alte Soltau genau zu dem Zeitpunkt unter, als die Sonne, wie an jedem 17. dieses Monats, um 19.29 Uhr MEZ hinter dem Horizont verschwand. Die darauffolgenden Großbrände vernichteten einen für die Geschichte Soltaus wertvollen Teil, die untere Marktstraße und Teile des Hagens. Andere Städte, wie Celle, blieben von solchem Schicksal verschont. Dort findet man heute schöne, renovierte Altstadtteile. In der Marktstraße ständen heu-

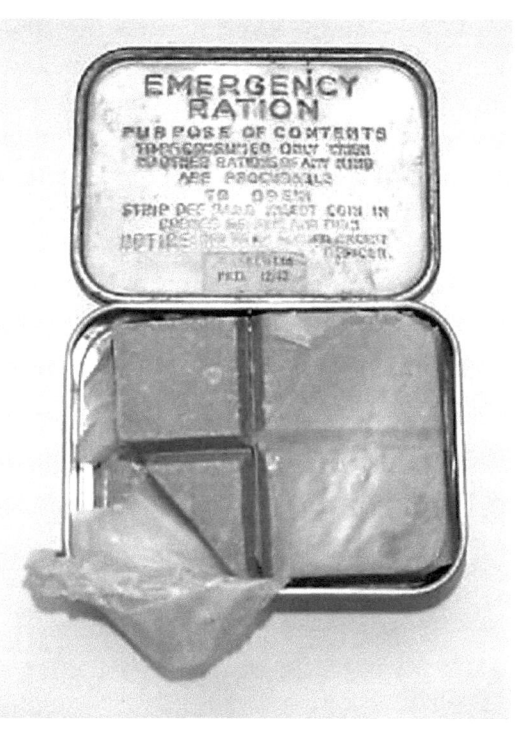

Bild 78 Schokolade in der Blechdose, wie sie die britischen Soldaten in ihrer persönlichen Ration mitführten.

te vielleicht noch die alten Häuser, wie sie auf früheren Abbildungen zu sehen sind.[1] Zwar entstanden nur wenige Jahre nach dem Zweiten Weltkrieg die heute bekannten Bauten, das Flair und der Charme

---

[1] Siehe Bild 139.

des Historischen ist aber verschwunden. In den Jahrzehnten nach dem Krieg, bis zu den Ereignissen nach der Wende, gehörte die britische Garnison mit ihren Angehörigen in der alten kaiserlichen Reitschule – wie selbstverständlich – zum Soltauer Stadtbild. Mit dem Abzug der Briten 1993 aus ihren „Bournemouth Barracks" schloß sich das Kapitel Soltaus als Garnisonsstadt.

Wie bekannt, kapitulierten die deutschen Streitkräfte mit Wirkung vom 8. Mai 1945. Weniger bekannt ist, daß bereits am 4. Mai alle Truppenteile kapitulierten, die gegen die 21. britische Armee-Gruppe gekämpft hatten. Diese Teilkapitulation fand auf dem Timeloberg bei Wendisch Evern statt. Feldmarschall Montgomery hatte am 20. April in Meßhausen auf dem Hof von Menke Drewes mit seinem Oberkommando Quartier bezogen, wobei das gesamte Dorf geräumt werden mußte. Er verlegte es noch am 30. nach Neddenriep bei Riepe, dort ebenso vollständige Räumung „aller Bewohner und Lebewesen" in großem Umkreis. Am 3. Mai empfängt Montgomery dann, nach erneuter Verlegung, die deutsche Abord-

Bild 79   Am 3. Mai 1945 empfängt Feldmarschall Montgomery unter dem Union Jack bei Wendisch Evern die deutsche Delegation zu Kapitulationsverhandlungen. Rechts im Bild: Generaladmiral von Friedeburg, General Kinzel, Konteradmiral Wagner und Major Freidel.

nung zu Verhandlungen über die bedingungslose Kapitulation auf dem Timeloberg. Auf deutscher Seite führte sie Generaladmiral von Friedeburg mit anderen unter Einwilligung des Führer-Nachfolgers der letzten Tage, Großadmiral Dönitz. Nach weiteren Abstimmungen von Friedeburgs mit Feldmarschall Keitel in Flensburg unterzeichneten die deutsche Delegation und Montgomery, der sich zunächst noch im Datum irrte (5. statt 4.), am 4. Mai um 18.30 Uhr die Kapitulationsurkunde. Bereits am Tag vorher, zu Beginn der Verhandlun-

Bild 80 Am Ende des Krieges errichtete die britische 7. Panzer-Division vor ihrem Hauptquartier in Berlin ein Schild, das die Stationen ihrer heftigsten Kämpfe nannte. Zwischen Nienburg und Hamburg erscheint auch Soltau auf der Liste.

gen, befahl Montgomery die Einstellung der Kampfhandlungen auf englischer Seite. Offiziell trat der Waffenstillstand in Norddeutschland am 5. Mai um 08.00 Uhr in Kraft. In den anschließenden Grußworten an die britischen Streitkräfte, deren Oberkommandierender er war, verkündete der Feldmarschall dem Chef der englischen Luftwaffe, Sir Robert Portal, voller Stolz unter anderem: „Die 21. Armee-Gruppe hat keine Deutschen zum Kämpfen in West-Europa übriggelassen."

Die Schilderung der englischen Siegesfeier in Soltau soll die Abhandlung beschließen. Erst einige Jahre nach dem Krieg als Junge der Rosenstraße geboren, berühren den Verfasser die überlieferten Schilderungen des damaligen **Bürgermeisters,** ähnlich die seiner Mutter, über die Geschehnisse dieses Tages in der Nähe seines Elternhauses dennoch: Große Aufregung und eine

Bild 81   Frauen mit Kindern am Aushang der britischen Besatzungstruppen 1945 vor dem Rathaus und geschäftig bei Gesprächen darin. Derweil langweilen sich Soldaten an Tür- und Fensterrahmen und vor der Eingangstreppe.

schlaflose Nacht brachte den Bewohnern im Straßendreieck Post-, Mühlen- und Rosenstraße die Waffenstillstandsfeier in der Nacht vom 7. auf den 8. Mai: Auf der Springhornschen Wiese, nahe der Grenze zum Schulhof, war ein großer Scheiterhaufen errichtet worden, zu dem als Material Holz von Gartenzäunen, Schränke, Stühle, Landkarten und Akten aus der Schule, sowie Benzin herangeschleppt wurden, das Ganze gekrönt von einer großen Führerpuppe aus Stroh. Mit Beginn der Dunkelheit wurde das riesige weithin leuchtende Freudenfeuer angezündet und stundenlang Raketen und Schüsse aus Gewehren und Pistolen abgefeuert! Voller Angst stellten die Bewohner des Viertels Feuerwachen auf: die Brandgefahr war ungeheuer groß, da infolge des Jabo-Angriffes vom

16. April und des Ari-Beschusses am 17. manche Dächer noch zerstört und die Hausböden noch offen waren. Der Alkohol fehlte den Soldaten natürlich auch nicht. Man atmete auf, als gegen 1 Uhr der Spuk ein Ende hatte. Brandschäden entstanden erfreulicherweise nicht, es ereigneten sich auch keine Ausschreitungen, was man befürchtet hatte …

Neuanfang an Dransfelds Ecke in den 1950er Jahren

Bild 82 Beginn der Dransfeld-Neubauten 1951, links stehen bis zur Ecke Kirchstraße statt Hotel und Restaurant insgesamt drei Kioske (mit Obst, Kurz-, Tabak- und Süßwaren).

Bild 83 Fertiggestelltes Gebäude, rechter Teil mit Möbel-Reit.

Bild 84 Hier entsteht der Hauptabschnitt des Dransfeld'schen Neubaues, nach Fertigstellung Bezug durch Fa. Konrad (Glas und Porzellan) im Erdgeschoß.

Der Soltauer Birkenpilz

Feinkost unter städtischen Birken

W arum in die Ferne schweifen, wenn das Gute liegt so nah. Dieser von Goethe hergeleitete Spruch muß für so vieles herhalten. Dafür kann er natürlich nichts, denn in seiner sprachlich klassischen Form kann er – neueres Deutsch verwendend – ohne Ende benutzt werden. Deshalb fiel er mir beim Spaziergang mit meiner Frau durch das herbstliche, aber noch goldene Soltau im Oktober als Auslöser dieses Aufsatzes spontan ein. Warum? Mitten in der Stadt Birkenpilze! In der Literatur oft „Gemeiner Birkenröhrling" genannt (Leccinum scabrum), wird er auch in Soltau seiner Art gerecht, indem er die Symbiose mit Birken findet. Auf den Bestand aufmerksam gemacht, sprang meine Gattin sofort auf die entsprechende Rasenfläche und bemächtigte sich der schönen auffallenden Exemplare – in Ermangelung eines Messers durch vorsichtiges Abdrehen,

Bild 85 Diese beiden ausgewachsenen Exemplare wurden am ersten Ernteabend zubereitet und mit Rührei genossen.

um das darunterliegende Pilzgeflecht nicht zu stören. Das war gut so, denn bei den Kontrollen der nächsten Tage wagten sich weitere Pilze dieser eßbaren Art an die Oberfläche. Also schlich ich mich jeweils nach Sonnenuntergang an den Ort der Ernte, darauf hoffend, daß mich niemand bei heller Straßenbeleuchtung sehen würde, um am nächsten Tag selbst nachzuschauen, was es dort denn Interessantes gäbe. Zugegeben, ein wenig peinlich wäre mir das wohl gewesen – ein von Unbeteiligten beobachtetes Hantieren im Gras, an belebter Stelle mitten im Ort. Aber die Lust am Ungewöhnlichen war zu groß und so genossen meine bessere Hälfte und ich tatsächlich wohlschmeckende Birkenpilze. Da mangels Regen Anfang Oktober nur der morgendliche Tau als Feuchtigkeitsnachschub diente, konnten sich keine größeren Mengen der Pilze an dieser Stelle bilden. Um so mehr war meine Frau gezwungen, den feinen Geschmack der wenigen geernteten Röhrlinge herauszukitzeln, was ihr hervorragend gelang. Nur mit Rührei, kaum gewürzt, trat der uns nußartig vorkommende Geschmack hervor. Er führte dazu, daß wir in den folgenden Tagen und Wochen bei jeder Birke und

Bild 86   Vor dem Landkreisgebäude diente der Boden unter der Birke in der Bildmitte im September 2005 als Lebensraum für die Pilze.

bei jedem Birkenwäldchen, das wir an den Straßenrändern und anderswo sahen, liebend gern gestoppt hätten, mit der Vermutung, dort die begehrten Exemplare der Klasse dieser Ständerpilze zu finden.

Der hier beschriebene Pilzfund ergab sich unter der Birke an der Ecke Winsener Straße – Bornemannstraße vor dem früheren Landkreisgebäude. Alle Bäume dort verschwanden mit dem Bau der Abfallwirtschaft Heidekreis (AHK). Und die Pilze? Die hat spätestens der neue Verkehrskreisel „verspeist".

Die Eröffnung der Eisenbahn Uelzen – Langwedel

*B*remen tritt heute mit dem deutschen Inlande durch die gleichzeitige Eröffnung zweier Bahnlinien in Verbindung. So begann am 15. Mai 1873 ein Artikel in den Bremer Nachrichten über die Inbetriebnahme der 97 km langen Eisenbahnverbindung Uelzen – Soltau (Han) – Langwedel und des Teilstückes Osnabrück – Bremen der Venlo – Hamburger Eisenbahn. Die erstgenannte Querbahn durch die Heide war jedoch bereits vorher, am 15. April 1873, mit Güter- und eingeschränktem Personenverkehr regional eröffnet worden. Sie bescherte Soltau, die – wie die Bremer Nachrichten damals schrieben – "freundlich in fruchtbaren Gärten und Wiesen gelegene Stadt" und seiner Umgebung den direkten Anschluß an den Fernverkehr, so daß die damalige Bevölkerung früh den Hauch der weiten Welt spüren konnte. Die Zeitung meinte gleichermaßen, daß die für den Verkehr am meisten lohnende Zwischenstation wohl Soltau sein würde. Auch die Verlängerung der Strecke in Richtung Berlin, der Abschnitt Uelzen – Salzwedel, wurde an diesem Tag eingeweiht.

Nachdem die Freie Hansestadt Bremen und der Bereich Hannover mit der Wunstorf – Bremer Bahn schon früher eine Eisenbahnverbindung bekommen hatten, suchten die Bremer einen schnellen Anschluß zur damaligen Reichshauptstadt Berlin. Eine Bahnlinie bestand von dort bereits über Stendal bis Uelzen. So galt es, noch die fehlenden Kilometer bis Langwedel zu überbrücken. Da die Trasse auf preußischem Gebiet liegen würde, versuchte man, den Berlinern den Bau der Strecke mit der Aussicht auf eine direkte Verbindung zum neuen Marinestützpunkt Wilhelmshaven schmackhaft zu machen. Der entsprechenden bremischen Anfrage vom 14. April 1869 wurde allerdings kein Interesse entgegengebracht, so daß sich die Hansestadt dazu entschloß, eine eigene Staatsbahn auf fremdem Territorium zu bauen! Sie entstand unter preußischem Recht als Privatbahn. Der Staatsvertrag mit Preußen wurde am 17. Juli 1870

Bild 87   Um 1910 durchfährt eine preußische Dampflok, Typ S 9 mit der Achsfolge 2'B'1, mit ihrem Schnellzug das Gleis 1 des Soltauer Bahnhofes. Diese Lokomotivbaureihe erreichte eine Höchstgeschwindigkeit von 110 km/h.

unterzeichnet. Er schrieb unter anderem den Einsatz einer vierten Wagenklasse in den Personenzügen vor.

Die Arbeiten an der zunächst eingleisigen Bahnlinie begannen – kriegsbedingt verzögert – am 10. Juni 1871. Drei Viertel der Strekkenlänge besteht aus geraden Abschnitten, der Rest waren Kurven. 117428 Schwellen wurden verbaut sowie 9158 t Eisen und Stahl. 108 Schranken sicherten die Strecke, zu deren Betrieb ebenso 10,5 Bahnhöfe mit 9,5 Empfangsgebäuden, 14 Bahnsteigen und 0,5 Überdachungen gehörten. Diese „halben" Bauwerke resultierten aus den Eigentumsverhältnissen auf den Bahnhöfen Uelzen und Langwedel. Die Planung gab vor, daß außer den beiden Endbahnhöfen acht Haltestellen einzurichten seien und in Soltau ein Bahnhof zweiter Klasse. Als Haltestellen waren Ebstorf, Brockhöfe, Munster, Emmingen, Frielingen, Visselhövede, Bendingbostel und Kirchlinteln vorgesehen. Die landespolizeiliche Abnahme der Bahn erfolgte trotz vorhandener Mängel im März 1873. Bauhilfszüge fuhren allerdings schon vorher, so daß die erste Lokomotive, die Soltau je erreichte, am 13. Juni 1872 – also bereits zehn Monate vor der Fertigstellung – im Bahnhof ankam. Der Bau erfolgte über die geld-

Bild 88 Der Wasserturm hinter dem Lokschuppen des Soltauer Hauptbahnhofs an der Visselhöveder Straße versorgte die Wasserkräne für die Dampflokomotiven. Sein Abriß erfolgte Mitte der 1970er Jahre. Vor dem Lokschuppen wartet ein Schienenbus der Deutschen Bundesbahn, Baureihe VT 98.

gebende Deutsche Union Bank AG in Berlin und kostete 2 Millionen Taler, die durch eine Bremer Staatsanleihe gedeckt wurden. Die Betriebsführung übertrug man der Magdeburg-Halberstädter Eisenbahn (MHE). Der entsprechende Vertrag wurde am 20. Mai 1870 unterzeichnet und sah den Betrieb gemäß den Standards dieser Bahn vor. Die MHE erhielt zwei Drittel der Einnahmen. Da die Bremer gegenüber dem Güterverkehr zwischen Berlin und Hamburg nicht benachteiligt werden wollten, gelang es, gleiche Frachtraten zu vereinbaren.

Auch damals durften anläßlich von Eröffnungen die dazugehörigen Feierlichkeiten nicht fehlen. Eine Sonderfahrt führte Honoratioren und ihre Damen von Soltau nach Visselhövede und zurück. Gäste, die aus Visselhövede mitgereist kamen, nahmen am abendlichen Festessen und anschließendem Ball im Groteschen Gasthaus (später Hotel „Stadt Hamburg") teil.

140

Bild 89 Lok RATHENOW, Borsig, Berlin; 1868 gebaut. Solche Lokomotiven befuhren zur Zeit der Eröffnung die Strecken der MHE.

In den ersten Wochen nach der Inbetriebnahme erfolgte die Beförderung von Reisenden nur durch jeweils einen Personenwagen 3. Klasse. Diese Einzelwagen wurden zusätzlich in die wenigen Güterzüge eingestellt, die anfangs verkehrten. Am 15. Mai 1873 begann dann mit dem Sommerfahrplan der reguläre Personenverkehr, der bis heute aufrechterhalten wird. Bereits wenige Tage nach diesem Beginn, am 21. Mai, wurden mit einem Sonderzug der gesamte Reichstag und Bundesrat, allerdings ohne Bismarck, der abgesagt hatte, über die Strecke nach Bremen befördert.

Durch den Lückenschluß Uelzen – Langwedel sank die Reisezeit in den ersten Betriebsjahren zwischen Berlin und Bremen auf gut sieben Stunden. Sie hätte bei Einsatz durchgehender Züge jedoch kürzer sein können. So mußte man in Stendal umsteigen. Erst 30 Jahre später, am 1. Mai 1903, wurden durchgehende Schnellzüge eingeführt.

Die MHE setzte zu ihrer Zeit zwischen Uelzen und Bremen elf Dampflokomotiven ein. Eine der dreiachsigen, 1874 bei Borsig gebauten Güterzuglokomotiven trug den Namen "Soltau ", die anderen die der weiteren Orte mit Bahnhöfen und Haltestellen.

Die Zuständigkeit der MHE währte jedoch nicht lange. Nachdem Preußen 1878 die Bahnen auf eigenem Territorium verstaatlicht und übernommene Verträge fristgerecht gekündigt hatte, gingen auch die meisten Bremer Eisenbahnen zum 1. April 1883 gegen eine Zahlung von 36 Millionen Mark an den preußischen Staat über. Im Vergleich zu anderen Bahnlinien zwischen deutschen Magistralen entwickelte sich die Verbindung Bremen – Berlin nie zu einer stark befahrenen Hauptstrecke. Der zweigleisige Ausbau 1906 und 1907 erfolgte hauptsächlich wegen des Militärverkehrs nach Munster und Wilhelmshaven.

Bericht in der Bremer Zeitung am Tag nach der Eröffnung:

„Die Bahn, welche fast nur durch Haide geht, verläßt Langwedel, die Haltestelle der Wunstorf-Bremer Bahn, auf einem Damme in südöstlicher Richtung und erreicht in einer ununterbrochenen Steigung die erste Station, Groß-Linteln, von da läuft die Bahn östlich (über die Haltestelle Bendinghostel) nach der Station Visselhövede, einem größeren Haideort des Amtes Fallingbostel. Die nächste größere Station (über Frielingen) ist die freundlich in fruchtbaren Gärten und Wiesen gelegene Stadt Soltau, von da fährt die Bahn fortwährend durch welliges Haideterrain zu den Haltestellen Emmingen, Munster und Brockhöfe nach Ebstorf, wo ein größerer Bahnhof gebaut ist. [...] Wer Natur und Charakter der Haide studieren will, hat die beste Gelegenheit bei Befahrung dieser Bahn, welche bisher völlig abseits vom Verkehr gelegene Gegenden durchschneidet und zugänglich macht. [...] Die für den Verkehr am meisten lohnende Zwischenstation wird wohl Soltau sein. Es ist ein Verkehrsmittelpunkt der ganzen Haidegegend, deren Producte die Stadt absetzt, auch hat sich einige Industrie hier gebildet (Filzteppichfabrik und Federreinigungsanstalt)."

Das verschollene Rotkehlchen

Ein vogelkundlicher Dialog im Winter.

Ich kann meine Frau einfach nicht beruhigen: „Unser Rotkehlchen taucht doch nur auf, wenn es kalt ist!"

„Zerfleischt! Gefressen! Erfroren! Mein Lieblingsvogel … bestimmt tot!"

„Du weißt doch, daß er immer nur in Wintern mit wirklichem Frost erscheint. Hatten wir den dieses Jahr schon?"

„Natürlich, vorgestern, die Nacht mit minus fünf Grad!"

„Ja", erwidere ich vorsichtig, „bisher aber nur einmal."

Insgeheim hoffe ich, daß meine Weisheit stimmt. Wir können tatsächlich Frost gebrauchen nach dem eher warmen Einheitswetter und grauen Wolkenbrei der letzten Wochen. „Denke an die letzten Jahre! Wenn die Kälte nach wenigen Tagen nicht verschwunden war, steuerte Dein Pieper regelmäßig unseren Garten an, weil er genau wußte, hier gibt es die notwendigen Kalorien zum Überleben."

Ich höre zwar ein Antwortbrummeln, aber die Tonfolge läßt sich nicht entschlüsseln.

Diese Art von Gespräch wiederholt sich derzeit im Zweitagetakt. Heimlich schiele ich zum Sammelteller an der Wand, der zwei aufgeplusterte Exemplare der niedlichen Rotbrüstigen im dichten Schneetreiben zeigt. Die Kohl-, Blau- und Tannenmeisenpärchen der anderen Teller gehören ohnehin zu unseren regelmäßigen Wintergästen, denn hier locken verheißungsvoll tropische Kokosnußschalen mit europäischer Füllung aus Sonnenblumenkernen zur Flatterschlacht um die besten Stückchen. Ganz zu schweigen vom Angebot im Vogelhaus, das sogar mit Rosinen aufwarten kann! Was also hält das Rotkehlchen ab?

Ich versuche es wieder: „Mein Schatz. Erst, wenn seine Nahrung an-, ein- oder festfriert, erinnert es sich offenbar an unseren Garten mit seinem Futterangebot. Wahrscheinlich fühlt sich das kleine Kerlchen nicht recht wohl, wenn es die Speisen hier auf dem Präsentierteller der Terrasse konsumieren muß. Deshalb läßt es sich nur im äußersten Notfall darauf ein."

Bild 90   Rotkehlchen im Winter

Meine Frau appelliert an die Intelligenz der Tierwelt: „Wenn es so vorsichtig ist, aber gleichzeitig so schlau denken kann, dann müßte es doch wissen, daß ihm hier nichts passiert. Es könnte also sofort herkommen!"

„Dieser Vogel trennt sich eben nur schwer von dem, was er in der freien Natur findet. Es schmeckt ihm hier wohl nicht so gut." Das hätte ich besser nicht sagen sollen, denn meine Frau ist eine ausgezeichnete Gastgeberin und Köchin.

Prompt kommt die Antwort: „Du weißt genau, daß auch meine fliegenden Gäste nur das Beste bekommen!"

„Das weiß ich doch. Aber immerhin fehlt der Fleischanteil, denn das Rotkehlchen bezieht einen großen Teil seiner Energie aus Würmern, Insekten und Spinnen. Zwar gehören Samen und – jetzt in der kalten Jahreszeit – Beeren zu seiner Nahrung, aber genauso, wie Du nicht ohne Fleisch auskommst, benötigt es ebenfalls seine Rationen." Gut, daß ich mich durch die entsprechende Fachlektüre gerade schlau gemacht habe.

Auch den nächsten Fettnapf betrete ich ohne Umschweife: „Im übrigen lebt solch ein Vogel durchschnittlich drei bis vier Jahre.

Überlege Dir mal, wieviel Winter wir ihn schon beobachtet haben. Es könnte also sein …"

„Das glaube ich nicht! So ein kleiner Niedlicher kann nicht einfach sterben. Im Herbst ist er doch noch dagewesen."

Ich vereinfache meine Wärmeargumentation: „Kein Frost, kein Rotkehlchen."

Wir haben jetzt Februar, draußen zehn Grad und es stürmt und hagelt. „Schau raus, meine Vogelmaus, es herrscht bereits klassisches Aprilwetter. Das merkt Dein gefiederter Liebling auch. Da er im April bereits sein Nest baut und gegen Ende des Monats die Eier legt, wird er sicher vom Wetter getäuscht und entwickelt schon jetzt die entsprechenden Frühlingsgefühle." Der Versuch, die Diskussion moderat ausklingen zu lassen, scheint Erfolg zu haben. Dennoch, da ich die Gedanken meiner Frau genau kenne, registriere ich zum Ende unseres Dialoges mit gemischten Gefühlen ihre abschließenden Worte:

„Wehe, Du hast nicht recht …"

Anfang April erhalte ich einen Anruf: „Mein Schatz, das Rotkehlchen war eben auf unserer Terrasse! Es lebt noch!" Meine Gedanken und mein Körper befinden sich zwar gerade geschäftlich auf einer Dienstreise, aber dennoch bemerke ich tief in meinem Inneren eine gewisse Entspannung und Freude, daß das häusliche Weltbild wieder stimmt und der angetraute Liebling des großen Lieblings seinen kleinen Liebling wiederhat.

Soltauer Pfandeis

Fritz wußte, wie alle Soltauer Mädchen und Jungen, daß in der Markstraße am Café Müller der Eismann Lüders mit seinem mobilen Stand darauf wartete, seiner Kundschaft die leckere Kälte zu verkaufen. Wie die meisten seiner Jugendkollegen hatte Fritz kein Taschengeld. In den dreißiger Jahren des letzten Jahrhunderts war dieses nicht üblich. Kaum jemand konnte es sich leisten, seinen Kindern vom hart verdienten Geld etwas direkt abzugeben. Was blieb also anderes übrig, als selbst etwas zu beschaffen?

Fritz mangelte es nicht an frecher Schlitzohrigkeit. Da er weit draußen in der Celler Straße wohnte – nach damaligen Verhältnissen am Rande der Stadt – aber in der Mühlenstraße zur Schule ging, mußten die Schulpausen herhalten, um an das begehrte Eis zu kommen. Von der Schule flitzte er also durch den Gang zwischen

Bild 91 Eismann Lüders steht 1936 mit seinem mobilen Verkaufsstand rechts vor der Konditorei und Café Müller.

Bild 92 *Dransfelds Restaurant, Café, Stehbierhalle (zeitweise auch Frühstücks-stube!) und Hotel. Der Schornstein im Hintergrund gehörte zur Dransfeldschen „Dampf-Kornbranntweinbrennerei". Das Haus brannte am 17. April 1945 ab. Anfang der 1950er Jahre entstand das heute dort stehende Geschäftshaus. Siehe Bild 84.*

Pflaster-Frieling und der Drogerie Boedke, an den danebenstehen-den Häusern und am Rathaus vorbei, hin zu Dransfelds Restaurant an der Ecke Poststraße und Kirchstraße. Selbst zu Hause in einem Gaststättenbetrieb aufwachsend, waren ihm die Gepflogenheiten dieses Gewerbes bekannt. Er wußte, irgendwo mußte das Leergut lagern, auf das man damals bei Außerhausverkauf auch schon Pfand zurückzahlte. Bei Dransfelds war es der Hof neben Mund-schenks Druckerei an der Kirchstraße, in dem das begehrte Gut bis zur Abholung verwahrt wurde. Heimlich huschte Fritz zu den Holz-kisten, schnappte sich zwei Flaschen, stolzierte mit Unschuldsmiene durch die Ecktür des Hauses in die Stehbierhalle, hielt sie Jonny, der Bedienung, mit hochgestreckten Händen unter die Nase und kas-sierte pro Flasche zehn Pfennig Pfand. Da das Eis aber nun ein wenig mehr kostete, wiederholte er kurzerhand die Leergutbeschaffung vom Hof und erhöhte somit seinen Bargeldbestand. Der Weg die Poststraße hinunter in die Marktstraße war ebenfalls schnell geschafft. Sein Lieblingseis kennend, wechselten Waffel und Münzen schnell die Seiten, noch die paar Schritte zur Schule zurückgelaufen und Fritz war rechtzeitig von seiner Eis- und Sahnespritztour zurück. Und konnte seinen Mitschülerinnen und –schülern stolz Einen vorschlecken.

Wat tum Högen

Jochen Sellhorn well morgens halb veer sien Naver Janpeter affhalen. Se wüllt Gras meih'n. Trine, wat Janpeter sien Froo is, steiht an Soot un tüt een groten Ammer vull Water rut. „Jochen", segt Trine, „gah man all los. Wi hebt'n unruhige Nacht hatt, ick hev düsse Nacht 'n lüttje Dirn kregen. Janpeter slöppt noch'n beten nah".

Über die Heide nach Hamburg

Bahnfahren in Norddeutschland – von Celle nach Hamburg

1965 von W.J.K. Davies, Übersetzung 2018 von Wilhelm Meyerhoff

Solange, wie Eisenbahnen mit ihren Fahrzeugen das Bild des Transportverkehrs mitbestimmen, verfolgen an der entsprechenden Technik Interessierte deren Geschichte und Entwicklung. Diese Art von Hobby wird weltweit ausgeübt. So natürlich auch im Land der Erfindung der Eisenbahn, in England. Im Jahr 1965 unternahm der englische Autor von Eisenbahnliteratur William James Keith Davies eine Auslandsreise nach Norddeutschland, um die damaligen Eisenbahnen in diesem Gebiet zu „erfahren". Daraus entstand sein Buch „Railway Holiday in Northern Germany" (Eisenbahnferien in Norddeutschland). Der Abschnitt, der seine Fahrt auf den OHE-Strecken und weiter auf Bundesbahngleisen bis Hamburg beschreibt, wird hier übersetzt wiedergegeben[1]:

Einladend sieht das mittelalterliche Celle in der frühen Morgensonne des ruhigen Sommersonntages aus. Die Sonnenstrahlen, die gerade die letzten Reste des Nebels über dem Fluß auflösen, versprechen einen warmen Tag. Sie vergolden die weitgehend leeren Straßen mit ihren flimmernden Konturen und lassen die hellen ockerfarbenen Wände des Schlosses sauber und ansehnlich erscheinen. Die Strahlen glänzen genauso auf dem Zug in Richtung Soltau, einem zwetschgenfarbenen Drehgestelltriebwagen mit der Baureihenbezeichnung DT 0519, der sich im DB-Bahnhof für seine Abfahrt um 07.53 Uhr mit Reisenden füllt.

---

[1] Die Abbildungen und Bildbeschreibungen wurden durch den Übersetzer beigefügt.

Bild 93   Auf Gleis 1 des Bahnhofes Celle der Deutschen Bundesbahn, auch Aus-gangspunkt der planmäßigen OHE-Fahrten, wartet im Februar 1968 der Triebwa-gen GDT 0516 der Osthannoverschen Eisenbahnen auf seine Abfahrt in das Strek-kennetz der OHE. Auf Gleis 2 steht die E-Lok E41 386 der DB mit einem Zug eben-falls kurz vor der Abfahrt.

Der Triebwagen ist aktuell für Egestorf bestimmt, ein Ort, von dem ich noch nie etwas gehört habe. Die meisten Ausflügler sind offensichtlich Tagesreisende, die, wie der Schaffner sagt, den Zoo besuchen wollen. Als ich nach einer einfachen Fahrt nach Soltau frage, händigt mir der Schalterbeamte eine verbilligte Rückfahrkarte aus – sie ist augenscheinlich preisgünstiger – oder er ist überwiegend an die Ausgabe von Rückfahrkarten gewöhnt. Um den Spaß zu vervollständigen, ist scheinbar niemand sicher, ob der Wagen überhaupt nach Soltau fahren würde, denn die Fahrkarte weist Sol-tau oder Munster Lager als Endstation dieser entsprechenden Ne-benstrecke aus.

Der Fahrplan nennt die Verbindung „Eilzugtriebwagen mit Kurs-wagen"; selbst für eine größere Nebenbahn eine höchst ungewöhn-liche Begebenheit, obwohl diese großen Triebwagen recht schwere

Bild 94   Die OHE betrieb mehrere baugleiche Großdieseltriebwagen. Hier hält GDT 0518 im August 1968 in Beckedorf.

Anhängelasten bewegen können. Der Triebwagen ist schon eindrucksvoll, aber nirgends ist ein Anzeichen eines Kurswagens zu sehen, als wir mit Gefälle losfahren, am OHE-Bahnhof vorbei und durch den Betriebshof, in dem DT 0520, ein ähnlicher Triebwagen, vor dem Wagenschuppen wartet. Die ganze Ausstattung kann nur als üppig zusammengefaßt werden. Das Fahrzeug ist um einiges besser, als die der DB-Nebenbahnen. Die Unterflurmotoren schnurren leise, wir fahren auf einer tadellosen, zweigleisigen Strecke und der kleine Bahnhof Celle Vorstadt ist vorschriftsmäßig mit frisch gestrichenen Signalen ausgestattet. Die Signalglocke läutet mit einem angenehmen Klang und mit passendem Tempo; dagegen ist die Hupe, wenn sie ertönt, unverhohlen gebietend, als wir erhaben an einer unscheinbaren Nebenstraße entlangfahren.

Die Strecke nach Wittingen an der Zonengrenze zweigt nach Osten ab, wir sind wieder auf eingleisiger Spur, nicht mehr so sanft und eben, mit dem einen oder anderen sichtbaren Unkraut. Hohe

Bild 95 *Unser englischer Autor fuhr mit dem Triebwagen GDT 0519 von Celle bis zum DB-Bahnhof Soltau (Han). Am 27. Mai 1961 steht das Fahrzeug im Bahnhof Soltau (Han) Süd an der Gartenstraße.*

Hecken umschließen die Strecke beidseitig. Genau um 13.00 Uhr läutet die Fahrzeugglocke bei der Fahrt durch den Haltepunkt Vorwerk. Wir sind durch Felder auf den weiten Flächen der Lüneburger Heide angekommen – der berühmten Heide, auf welcher, neben anderen nennenswerten Ereignissen, Montgomery die deutsche Kapitulation entgegennahm, die den zweiten Weltkrieg beendete.[1] Die Heide ist heute hauptsächlich urbar unter bäuerlicher Bewirtschaftung. Große Flächen werden aber weiterhin für militärische Ausbildung genutzt. Britische und deutsche Truppen, Gestrüpp und wilde violette Heide wechseln sich ab mit ordentlichem, kultiviertem Land.

---

[1] Anm. d. Übs.: Wie bekannt, kapitulierten die deutschen Streitkräfte mit Wirkung vom 8. Mai 1945. Weniger bekannt ist, daß bereits am 4. Mai alle Truppenteile kapitulierten, die gegen die 21. britische Armee-Gruppe gekämpft hatten. Diese Teilkapitulation nahm Feldmarschall Montgomery bei Wendisch Evern entgegen. Siehe Beitrag *Der 17. April 1945.*

Wir sehen einen schnittig aussehenden Schotterstopfer auf einem Nebengleis bei Scheuen. Die Glocke meldet sich mit einem verkrampften Läuten, als wir parallel zur Straße fahren; 50 km/h sehen bei diesem Triebwagen wohl sehr langsam aus. Die Signale machen den Eindruck, als wenn sie keine große Rolle spielen. Ohne sie zu beachten, fahren wir durch Altensalzkoth und ein Stückchen weiter durch Eversen. Wir sind ja ein Eilzug, so müssen wir nicht überall halten, und ein D-Zug folgt uns in ungefähr einer halben Stunde. Wir stoppen, aber in dem mit Signalen vollgestellten Bahnhof von Sülze, in dem der Bahnhofswärter mit einem trokkenen „Zurücktreten!"-Ruf generelle Heiterkeit auf dem

Bild 96   Triebwagen GDT 0518 hält im August 1968 bei Schietwetter planmäßig in Wietzendorf.

Bild 97   Das Behelfsstellwerk Soltau der Osthannoverschen Eisenbahnen, hier um 1946, mußten alle Richtung Lüneburg und Celle von den Soltauer Bahnhöfen fahrenden OHE-Personenzüge und Triebwagen passieren. Es befand sich nördlich der OHE-Gleise auf halber Strecke zwischen der Böhme-Überquerung und der Celler Straße. Hinter dem Stellwerk verlaufen die Gleise der Bundesbahnstrecken nach Uelzen und Hamburg.

Bild 98   Triebwagen GDT 0522 hat, aus Lüneburg kommend, am 30. April 1975 mit seinen drei Beiwagen den Bahnhof Soltau (Han) erreicht. Zur Weiterfahrt nach Celle wird das Fahrzeug an das andere Ende der Beiwagen gesetzt – „Kopf machen", wie der Eisenbahner sagt.

Bahnsteig und neugierige Blicke unserer Gruppe von Ausflüglern hervorruft, die wiederum ihr mitgebrachtes Frühstück konsumieren.

Die Sonne scheint warm, aber niemand öffnet ein Fenster, um den Mief hinauszulassen; tatsächlich steht eine beleibte Reisende regelmäßig auf, um sicherzustellen, daß ihr Fenster so geschlossen bleibt, wie nur möglich. Nun passieren wir einen Abschnitt, in dem rangiert wird; an einem Warnschild werden wir langsamer, ein weisumrandetes Schild mit einem großen schwarzen A (Anfang) auf kirschrotem Grund. Wir beschleunigen wieder neben einer baumbeschatteten Straße und ruckeln über einen Bahnübergang ohne mit der Geschwindigkeit herunterzugehen. Durch ein Gestrüpp und eine lange Linkskurve gelangen wir dann in den Bahnhof Beckedorf. Wohl eine wichtige Station, mit dem Abzweig rechts nach Munster (Lager) und einem Nebengleis voller rotlackierter Personenwagen, vermutlich für spezielle Einsätze – wobei die Wagen normalerweise grün sind.

*Bild 99 MaK-Stangendiesellok 800 013 fährt am 12. August 1958 mit einem Gü-
terzug in den Bahnhof Hambostel ein. Der Personenzug in Richtung Lüneburg wartet auf das Freiwerden des Streckengleises.*

Ein paar Leute steigen zu und wir sind wieder unterwegs über
die weite Heide, unsere läutende Fahrt vorbei an Wohlde und dann
neben einem zweigleisigen Güterbahnhof entlang, mit einem richtigen Stellwerk, wobei die meisten Signale mit einem Kreuz markiert
sind, weil sie sich wohl nicht in Betrieb befinden. Ein Nebengleis
zweigt nach links ab, offensichtlich um den nahegelegenen Trup-
penübungsplatz zu bedienen. Wir fahren langsam ein in den Bahnhof Bergen, ein kleines verschlafenes Dorf mit einer großen Zahl von
Personen auf dem Bahnsteig, die wir ignorieren. Ein kleiner vierräd-
riger, kastenartiger Schienenbus zottelt uns entgegen und hält, sich
schüttelnd, etwa zwanzig Meter entfernt vor uns. Wir nähern uns
ihm im Schneckentempo, versperren ihm den Weg und setzen dann
zurück in das Überholgleis, um ihn vorbeizulassen – sein Fahrtziel
ist Beckedorf.

Dann geht es schon weiter, die interessiert schauende Menge hinter uns lassend. Ich frage mich, wo die wohl alle hinwollen. Auf dem

Bild 100   OHE-Dampflok 55 171 mit einem Güterzug bei Timmerloh. Das einge-
fügte Bild zeigt die Lok im Mai 1968 im Bahnhof Lüneburg.

Bahnsteig in Bleckmar will jemand den Zug stoppen, aber wir ignorieren ihn und seine Familie, was unsere heitere Runde ziemlich amüsiert. Sie benötigt offenbar Ablenkung in der aufkommenden Hitze der heutigen Morgensonne. Wir müssen jetzt nur noch den eigenartig benannten Weiler Klein-Amerika – drei Häuser und herumlaufende Hühner –, eine 60 cm-Schmalspureisenbahn in den Torfstich in Lührsbockel und die Unterführung der Autobahn erwähnen, bevor wir die nächste Stadt erreichen, brummend an einem diesellokgezogenen Güterzug der OHE vorbei und zischend vor einem Stopsignal der DB wartend, neben dem verlassenen Soltauer OHE-Bahnhof. Das Signal zeigt freie Fahrt und wir fahren langsam auf DB-Schienen zum Bahnsteig 2 in Soltau.

Der eigentliche OHE-Bahnsteig 3 ist abgetrennt. Das bedeutet einen schnellen Lauf durch die Bahnsteigunterführung zum Einsteigen in den noch älteren Triebwagen nach Lüneburg-Süd, der sich unter seiner zwetschgen- und schwarzfarbenen Lackierung verschleiert kaum noch als alter Esslinger erkennen läßt. Der andere

Bild 101 Der OHE-Triebwagen GDT 0521 bei einem planmäßigen Halt im August 1968 auf dem Bahnhof Bispingen. Mit diesem Triebwagen fuhr der Übersetzer in den Jahren 1968 und 1969 regelmäßig zur Berufsschule nach Lüneburg.

Triebwagen ist verschwunden, während wir die Züge wechseln. Unmittelbar darauf sind wir weiter unterwegs, wieder gefüllt mit Ausflüglern, über die DB-Gleise zunächst in Richtung Uelzen und dann über die Heide.

Der äußere Schein trügt: Während dieser Typ Esslinger Triebwagens der Stolz, sagen wir, einer DEG ist (Deutsche Eisenbahngesellschaft, Anm. d. Übs.), ist er bei der OHE offensichtlich zweitklassigen Diensten zugeordnet. Trotz des gepflegten Äußeren sind die Sitze aus Latten, hart und ramponiert. Wir haben kleinere Getriebeprobleme und schleichen langsam etwa eine halbe Meile dahin, bis es dem Lokführer gelingt, hochzuschalten, nur um gleich wieder abzustoppen zum kurzen Halt in Harmelingen, einem Flecken zertrampelten Sandes in der Nähe einiger Häuschen und mit einem Unterstand, der früher wohl ein altes, hölzernes Wachhäuschen war.

Bild 102   Kreuzung zweier GDT-Triebwagen auf dem Bahnhof Hützel, ebenfalls im August 1968 - rechts der Lüneburger und links der Soltauer.

Zügig fahren wir weiter, zwischen Timmerlohs Bäumen hindurch, tunnelartig durch die Unterführung der Autobahn Frankfurt-Hamburg, durch tiefe Tannenwälder den Bahnhof von Bispingen erreichend. Dieser, an den sich die Autofahrer wahrscheinlich wegen seiner vier Bahnübergänge auf einer Länge von nur etwa einhundert Metern erinnern, fällt uns wegen der mit Waren beladenen Laderampe auf. Der Güterschuppen liegt etwas abseits von den Gleisen. Ein kleiner Karren mit Pferd pendelt zwischen dem Zug und dem Schuppen auf Schienen aus Vierkantrohr und alten Schwellen. Auf dem Bahnsteig bedient der Bahnvorsteher irgendein elektrisches Gerät. Wir zockeln los, schrill pfeifend über die Bahnübergänge in Richtung Hützel.

Hier teilen sich die OHE-Strecken, nach Nordosten in Richtung Lüneburg an der DB-Strecke und weiter nach Bleckede nahe der Zonengrenze sowie nordwärts nach Winsen, näher an Hamburg an derselben DB-Linie gelegen, mit einer Stichbahn zur Endstation in Niedermarschacht nahe der Elbe. Alle möglichen Verbindungen werden hier in Hützel bedient. So haben wir eine lange Pause, in der wir uns umschauen können. Nun – hier finden wir die Lösung für das Rätsel des fehlenden Kurswagens. Wie? Ganz einfach, lieber Leser, denken Sie zurück an das seltsame Verschwinden des Personenwagens in Soltau. Er verschwand nicht einfach, sondern wurde nur an das Ende unseres Zuges gehängt, dadurch unmittelbar von einem Schnellzugwagen in einen Kurswagen verwandelt. Nun wird er wieder abgehängt, mit explosivem Zischen der Bremsschläuche und auf einen Zug wartend, der ihn nach Egestorf bringen wird, welches ein Stück die Strecke entlang in Richtung Winsen liegt.

Und hier, wenn ich mich nicht irre, kommt unser Anschlußfahrzeug! Am Ende des östlichen Bahnhofgeländes steht ein als solches erkennbares Gebilde. Männer hasten auf der Anfahrt und um die Weichen herum. Aber es dauert noch einige Zeit, bevor aus dem Hintergrund ein moderner MAK-Triebwagen, DT 0517, materialisiert und an den Bahnsteig zieht (DT ist vermutlich eine individuelle Abwandlung des üblichen VT- oder T-Dieseltriebwagen). Ihm folgt unmittelbar die MAK-Diesellok 800 013, eine vierachsige 800 PS-Lokomotive, von Lüneburg hereinkommend, mit einem alten vierachsigen Personenwagen, einem ebensolchen auf Drehgestellen und einen modernen Triebwagenanhänger befördernd, der dem eben aus Winsen angekommenen Fahrzeug ähnelt.

Der erwartete Wechsel aller Reisenden erfolgt und es geht weiter durch die hügelige Heide durch Steinbeck Grevenhof, ein langes flaches Stationshaus mit hübschem Garten zur Bahnanbindung zweier kleiner Landhäuser, und Schwindebeck an der Luhe, bevor es abwärts läuft mit dem Motor im Leerlauf in die mittelgroße Station Soderstorf. Hier, denke ich, muß es einen guten Grund für die Frau und den kleinen Jungen geben, die große geschälte Äpfel umklammern, aber nicht essen. Jedoch habe ich keine Zeit für Spekulationen. Der Lokführer, so scheint es, ist in Eile, da wir plötzlich Geschwindigkeit aufnehmen. Mit Vollgas geht es los, wir fahren sicherlich mehr als 50 km/h als wir nach Amelinghausen-Sottorf hineinschaukeln, mit den Anschlußbussen auf dem Stationsvorplatz wartend.

Bild 103   Von den drei OHE-Dampflokomotiven der Baureihe 75 wird hier die Nummer 75 098 am 27. Mai 1961 auf der Drehscheibe im Betriebswerk Soltau (Han) Süd gedreht. Die Lok wurde ursprünglich für die Lettischen Staatsbahnen in Polen gebaut. 1946 erhielt sie die OHE.

Ich denke, daß ich die Toiletten hier nicht benutzen möchte, da durch die Ventilatoren dauernd Tauben rein- und rausfliegen.

Auf der verbleibenden Strecke nach Lüneburg gibt es nicht viel Interessantes. Über Meile und Meile verändert sich der tiefe Ton des Motors nicht, während der Triebwagen einsam über die weite Heide ruckelt, seine Fahrt hier und da nur unterbrochen von Dörfern und Haltepunkten, die sich nur unwesentlich unterscheiden. Drögennindorfs Häuser haben Dachgaubenfenster, Heinsen eine Brücke über etwas, das wohl später eine Behelfsstraße sein wird. Melbeck-Embsen ist brandneu und rühmt sich eines großen Güterbahnhofes wegen des nahen Geländes der Salzgitter-Stahlwerke, deren Areal allerdings eine gute Meile von beiden Orten entfernt liegt. Rettmer ist ohne Besonderheiten und Oedeme besitzt nur eine Bedarfshaltestelle, wie die Deutschen es nennen, hier aber mit einem modernen Unterstand. Damit sind wir in den Außenbezirken von Lüneburg selbst. Wir stoppen am Haltepunkt Kurpark, rumpeln hinter dem OHE-Betriebswerk entlang, in dem die Dampflok vom Typ 75 unter freiem Himmel traurig abgestellt steht, und weiter an einem ansprechenden Fluß entlang zum Bahnhof Lüneburg-Süd, ein simpler

Bild 104   OHE-Triebwagen GDT 0521 am 18. August 1968 im Bf Lüneburg Süd. Diese Szene ist dem Übersetzer gut bekannt. Von der Endstation bis zu seiner Berufsschule am Lüneburger Schwalbenberg war es nur ein kurzer Fußmarsch.

Kopfbahnhof, der unterhalb der Bundesbahnstrecke liegt und der sich durch seine große und detailreiche Anzeigetafel über seinem Eingangstor als reiner Personenbahnhof ausweist.

Lüneburgs Bundesbahnstation liegt gut einhundert Meter entfernt und man könnte meinen, daß die Eisenbahngeographie Lüneburgs komplizierter war, als sie es heute ist. Um es einfach auszudrücken, der Bahnhof der Bundesbahn besteht aus zwei Teilen: Ost, in dem alle Fernzüge abgefertigt werden und West, gerade gegenüber des Vorplatzes, mit einem ganzen Ensemble von schäbigen Bahnhofsbauten und trostlosen, leeren, heute dem ausgedünnten Vorortverkehr vorbehaltenen Bahnsteigen. Mit der Entstehung der Zonengrenze gingen die Hauptlinienfunktionen des Bahnhofs Lüneburg in Richtung Osten ein. Um die Sache zu verkomplizieren: Die Nebenstrecke der OHE nach Bleckede und Alt Garge, einst die frühere „Bleckeder Kreisbahn", beginnt ihren Verlauf in der Station

161

Lüneburg Ost und nicht in Süd. Eigentlich gibt es wenig Grund, den Bahnhof Süd zu nutzen, da die OHE mit Zügen aus Soltau kommend über einen Anschluß den Bahnhof der DB erreichen könnte.

Übrigens war die Bleckeder Kreisbahn ursprünglich eine 75 cm Schmalspurbahn, die einige sehr schöne Dampftriebwagen hatte.

Ich wollte eigentlich nach Bleckede weiterfahren, wo die OHE ihr Bahnbetriebswerk hat, aber das neunzigminütige Gewackel in dem Esslinger Triebwagen reichte mir, so daß der Anblick des noch älteren und spartanischeren Drehgestelltriebwagens, der die Strecke nach Alt Garge bediente, mich schnell meine Meinung ändern ließ. Meine Ahnung bestätigte sich ein paar Minuten später, als sich das Gefährt mit stotterndem Grollen vibrierend in Bewegung setzte und mit rasselnden Fensterscheiben in der Ferne verschwand. Zwei Stunden in dem Ding wären ein schlechter Start für eine interessante Erkundung Hamburgs gewesen. Die gewonnene Zeit erlaubte es mir, das schöne mittelalterliche Lüneburg anzuschauen – und später einen Vorortwendezug der Bundesbahn zu nehmen. Lüneburg ist eine wunderschöne alte Stadt. Selbst, wenn Sie nicht an solchen Dingen interessiert sind, sollten Sie einen Blick auf die wichtigen Relikte vor der Zeit des Eisenbahntransportes werfen, wie den großen handbetriebenen Kran auf dem alten Kai, nur ein paar hundert Meter vom Bahnhof entfernt. Er ist ein erstaunliches technisches Gerät.

Es ist an der Zeit, zum Bahnhof Lüneburg (Ost) zurückzukehren, von wo die V100.1054 einen langen Wendezug aus silbernen Vorortsalonwagen („Silberlinge" Anm. d. Übs.) nach Hamburg bringen soll. Nun bin ich gespannt, herauszufinden, warum ein Nahverkehrszug planmäßig doppelt solange für die kurze Strecke benötigen soll, wie ein Schnellzug. Und die Antwort ist schnell klar. Wir warten oft und lange auf Nebengleisen und genießen die nicht gerade aufregende Szenerie der Elbniederung, um schnellere Züge vorbeizulassen. Wenigstens gibt mir das die Möglichkeit, die hervorragenden Personenwagen der DB für den Vorortverkehr zu inspizieren. Der große zentrale Vorraum mit seinen weiten Doppel-

Bild 105 Die 1962 bei MaK in Kiel gebaute V100.1054 der früheren Deutschen Bundesbahn fährt hier, aufgearbeitet in ihrer früheren Lackierung mit der später benutzten, rechnerlesbaren Fahrzeugnummer 211 054-2, im Jahr 2012 entlang der Gartenstraße in Soltau in Richtung des Bahnüberganges Walsroder Straße.

türen, die funktionalen, aber komfortablen Sitzgruppen, die sanft arbeitenden Übergänge zwischen den Wagen beeindrucken – wie die Edelstahlaußenhülle, die nicht nur die Wartungsarbeiten verringert, sondern dazu noch elegant und dekorativ aussieht, während ihre geglätteten, unteren Paneele jede Tendenz zu monotonem Grau vermeiden.

Mein Nachsinnen wird jäh durch einen Ruck beendet, als wir aus dem letzten Nebengleis rausziehen und in die Außenbezirke von Hamburg einfahren. Ab Meckelfeld passieren wir jetzt ständig Abschnitte mit Gleisneubauarbeiten, Oberleitungserweiterungen und großen Güterbahnhöfen, bevor wir durch ein Labyrinth von Weichen, Kreuzungen, Über- und Unterführungen Hamburg-Harburg erreichen, einen der wichtigen Übergangsbahnhöfe Hamburgs, und in dessen auf der Ostseite gelegenes Gleis 3 einfahren. Ab hier stellt

163

Bild 106 n-Wagen, sogenannte Silberlinge, hier in 1./2. Klasse-Ausführung der Deutschen Bahn. Die Personenwagen wurden zwischen 1959 und 1980 in großen Stückzahlen gebaut. Sie sind noch heute, modernisiert in unterschiedlichsten Varianten, im Einsatz.

die Eisenbahn nur noch ein breites Band von brodelndem Verkehr dar. Güter- und Personenzüge fahren in alle Richtungen und sogar ein TEE rast südwärts auf den großen Elbbrücken an uns vorbei, bevor wir langsamer werden, um die verschlungenen Einfahrtsgleise in den Hauptbahnhof zu passieren. Es ist beruhigend, in der Mitte all dieser fieberhaften Aktivitäten die Signal- und Fernmeldeabteilung zu entdecken, die es sich auf einem Nebengleis mit ihren alten Dienstwagen bequem gemacht hat, vor den Fenstern der Aufenthalts- und Schlafwagen hell gestrichene Blumenkästen mit daraus im Überfluß heraushängenden Blumen. Das ergibt einen netten Kontrast zur modernen, funktionalen Effektivität des Hauptbahnhofes, unter dessen großem, überspannendem Dach wir sanft halten – wir sind in Hamburg!

Vom Kind zum Studium

Werdegang einer Berufswahl in Soltau – oder – Warum der Verfasser kein Gerber wurde.

Erlebnisse in frühen Kindheitstagen können für die weitere Entwicklung, bis hin zum Erwachsenwerden, bestimmend wirken. Im Laufe des Aufwachsens können sich dann, fast automatisch, aus den vorhergegangenen Ereignissen, die – wie in einer Kette – auf jeweils davorliegende Begebenheiten zurückzuführen sind, Vorbestimmungen für schulische Ziele und den späteren Lebensweg ergeben. Es ergibt sich im Laufe der Zeit eine Prägung, die bei normalem Lebensverlauf in einer gewohnten Umgebung, fast zwangsläufig, zu einem letztendlich selbstbestimmten Ziel führt.

Nicht anders erging es dem Schreiber dieser Zeilen. Frühe Erlebnisse unterschiedlicher Art lenkten seine Interessen und Ausbildung in bestimmte Bahnen. Das recht früh formulierte Endziel, Ingenieur zu werden, wurde erreicht. Auf dem Weg dahin gab es Ausbildungsmeilensteine, wie zum Beispiel eine Lehre, die halfen, fachliches Wissen zu erweitern und zu vertiefen, aber auch soziale Fähigkeiten, wie den Umgang mit fremden Menschen, weiterzuentwikkeln. Das anschließende, in technische Tiefen führende Studium hatte zur Folge, daß die spätere Berufswahl aus dem Heimatort Soltau hinausführte.

Wie entstand denn nun der Werdegang der Kindheit und Jugend? Im Elternhaus in der Rosenstraße gab es immer, gewissermaßen als Ohr zur Außenwelt, Radios. Im Wohnzimmer hörte der Vater in den 1950er Jahren die Nachrichten und Fußballübertra-gungen im großen Stubengerät, auf dem sommerlichen Hof vor der Küche die Mutter Musik aus dem Kofferradio. So entstand für den kleinen Jungen Wilhelm genauso die Selbstverständlichkeit, Radio zu hören. Irgendwann durfte er persönlich an den Knöpfen schalten und kurbeln. Das führte dazu, daß neben dem UKW- vor allem der Kurzwellenbereich entdeckt wurde. Eine völlig andere Welt tönte da aus dem Lautsprecher! Schwache Sender, auf- und abschwellend, hallend, verschwindend und in vollkommen unverständlichen Sprachen drang es ins Ohr und ließ große Fragezeichen, was das wohl alles sei, entstehen. Faszinierend die Pfeifgeräusche beim Abstimmen der Sender, noch spannender die immer wiederkehrenden und sich in Endlosschleife wiederholenden Zeitzeichen während Sendepausen von Stationen in fernen Ländern. Das Radio zu verlassen, war oft nicht leicht. Eines guten Tages wollte man dann wissen, was in diesen sprechenden und schallenden Holzkästen an Wunderdingen versteckt war. Von Elektronenröhren hatte man zu diesem Zeitpunkt natürlich noch nichts gehört, obwohl einem ab 1958 täglich die Bildröhre des ersten Fernsehers in der Hausnummer 17 entgegenflimmerte. Und das war eine Elektronenröhre.

Bild 107   Links lauscht der junge Wilhelm vor dem Stubenradio, ein Wega des Typs Lyra, in die weite Welt. Rechts hört die Mutter auf dem Hof Musik mit Kaffee, Keks und Kofferradio, Schaub-Lorenz, Typ Weekend.

Bild 108 Hein Kruse (links) und der Verfasser an der Hafeneinfahrt von Sydney.

Gedanken an ferne Länder wurden nicht nur durch die Kurzwelle belebt. Die Eltern hatten einen Freund, der durch die Welt reiste und, wenn er in Soltau war, regelmäßig zu Besuch kam. Der Sohn Heinrich („Hein“) der „Kruses“ in Soltau, Unter den Linden, Bruder des Kaufmanns Claus Kruse und seiner Schwester Christa, Reisebüroexpedientin, hatte beim Mühlenbauer und Müller der Waldmühle, August Wilhelms, gelernt und anschließend ein Studium zum Mühlenbauingenieur absolviert. Seine Arbeit führte ihn unter anderem nach Burma und Australien, wo er später seßhaft wurde. Die Erzählungen und Berichte über seine Reisen wurden begierig aufgesogen. Auch diese Einflüsse haben insbesondere die Entscheidungen über die Arbeitsstellen nach dem Studium beeinflußt. Anläßlich einer Dienstreise nach Fernost konnten Heinrich Kruse und seine Familie 1983 in Sydney besucht werden.

Vater war der Gerber im Geschäft der Gebrüder Meyerhoff auf der Soltauer Burg. Sein Bruder betrieb die Kürschnerei. In beiden Bereichen wurden völlig andere Techniken dieser sehr alten Handwerke genutzt. Der Schreiber dieser Zeilen vergißt nie, wie er als Dreizehnjähriger von seinen Eltern gefragt wurde, was er denn einmal werden wolle. Ob Interesse bestände, später in den elterlichen Betrieb am Zusammenfluß von Böhme und Soltau einzutreten und eine entsprechende Lehre zu machen. Zwar hatte der Junge früher öfter aus Spaß in der sogenannten Naßwerkstatt im Gebäude der Gerberei gegenüber des Ratsmühlenwehres mitgeholfen, hatte dort, mit zu großen Gummistiefeln und Gerberschürzen bekleidet, Felle im Wasser untergetaucht und gewendet. Jedoch hatte er zum Zeitpunkt der Frage nach der Ausbildung bereits das alte, erwähnte Kofferradio auseinandergenommen, was deutlich mehr Wißbegier für die enthaltene Technik erzeugte, als die Arbeiten mit Fellen und Leder in nasser und im Winter kalter Umgebung.

Als Kind fuhr man mit den Eltern jeden Sommer in den Urlaub nach Haffkrug an der Lübecker Bucht. Der Strandkorbvermieter betrieb während der Touristensaison einen kleinen Rundfahrtsdampfer, die Holstein II, mit der er interessierte Gäste durch die Mecklenburger Bucht schipperte. Der Autor dieser Zeilen erinnert sich noch sehr gut daran, daß er häufiger Besucher auf diesem Schiff war. Die Funkgeräte auf der Brücke fielen sofort ins Auge. Vor allem das Radargerät, mit seinem kreisenden Elektronenstrahl auf dem Bildschirm, zog ihn in den Bann. Das war nun alles andere als ein Fernseher! Viel später wurde klar, daß ebenso diese Eindrücke dazu beitrugen, die erste Anstellung nach dem Studium bei einer Firma in Hamburg zu bekommen, die sich mit Funk- und Navigationsanlagen für Schiffe befaßte: Deutsche Betriebsgesellschaft für drahtlose Telegraphie m.b.H, kurz DEBEG.

Zuhause, irgendwann entdeckt auf den Soltauer Straßen, wußte man, daß auch die Grünen Minnas der Polizei mit Funkgeräten durch die Gegend patrouillierten. Sogar beim heimlichen Erkunden der gleich um die Ecke vor dem Spritzenhaus zur Pflege nach dem

Einsatz stehenden Feuerwehrfahrzeuge fiel die Funktechnik im Führerhaus sofort ins Auge. Schon früh ging es in vielen Bereichen des öffentlichen Lebens nicht ohne drahtlose Kommunikation.

Mitte der 1960er Jahre steckte die amerikanische National Aeronautics and Space Administration (NASA) in den Vorbereitungen zur ersten Mondlandung. Die Berichterstattung zum vorgeschalteten Gemini-Programm erschien in allen Tageszeitungen und Illustrierten. Phantastische Bilder von Astronauten innerhalb und außerhalb von Raumkapseln, vor blauer Erde und schwarzem Weltall, faszinierten die Menschen. Die Beobachtung des Soltauer Nachthimmels durch das Dachfenster mit Vaters Feldstecher, oft heimlich zu später Stunde, tat sein Übriges.[1] So lautete die Antwort des Jungen auf die Frage nach dem Berufsziel: „Ich will Ingenieur für Luft- und Raumfahrt werden!"

Da die damals so genannte Mittelschule besucht wurde, war klar, daß später mittels eines Abiturs die Voraussetzung für ein Studium geschaffen werden mußte. Aber, so legte der Vater sinnvollerweise fest: „Nach dem Schulabschluß wird erst eine Lehre gemacht." Da Gerber und Kürschner nicht in Frage kamen, einigte man sich mit der Firma Elektro-Pape[2] in der Marktstraße auf eine Lehrstelle zur Ausbildung zum Radio- und Fernsehtechniker. Das Verständnis der Faszinosa Radio und Fernsehen kam endlich näher! Der Physiklehrer der Mittelschule, Herr Zimmermann, konnte zuvor die technischen Fragen, die auch der Freund Klaus zu diesen Themen hatte, nicht in der Tiefe beantworten, wie wir es gerne gehabt hätten.

Die abzusehende technische Ausrichtung bezüglich Radio, Fernsehen und Funk blieb also bestehen. Im August 1968 begann die Lehre in der Rundfunk- und Fernsehwerkstatt der Firma Pape. Tollerweise fing der genannte Freund gleichermaßen solch Lehre an, allerdings bei Meister Dieblitz in Ebsmoor. So konnten wir uns

---

[1] Das blieb nicht immer unentdeckt und so gab es dann bald ein richtiges Fernrohr. Siehe Bild 8.
[2] Siehe Bild 143.

Bild 109 Kabel- und Internet-Fernsehen gab es noch nicht und die Sender standen weit entfernt (Torfhaus im Harz, 1. Programm, und bei Behren-Bokel, Samtgemeinde Hankensbüttel, 2. und 3.). Entsprechend große Antennengebilde zierten die Dächer in Soltau. Hier baut der Autor dieser Zeilen ein Konglomerat aus VHF- und UHF-Antennen aufs Dach.

weiter austauschen und gemeinsam die Berufsschule in Lüneburg besuchen! Das Erkennen und Verstehen dieser Art von Nachrichtentechnik war wie eine Offenbarung. Jedoch saß man nicht nur in der Werkstatt hinter den Meßgeräten. Nein, zunächst wurde versucht, die Reparaturen bei den Kunden, meistens in deren guter Stube durchzuführen. Erst wenn das nicht klappte oder sofort klar wurde, daß das defekte Gerät in die Werkstatt mußte, packte man es in den Firmenwagen und schleppte es in der Marktstraße in die Werkstatt. Die ersten Farbfernseher, die damals auf den Markt kamen, waren echte Schwergewichte, die tunlichst zu zweit getragen werden wollten.

Der direkte Umgang mit den Kunden erforderte oft Fingerspitzengefühl, da damals insbesondere der Fernseher mit das wichtigste

Objekt in den Wohnungen war. Nicht selten entstand Unverständnis, wenn der Fehler nicht gleich vor Ort repariert werden konnte und somit das Gerät, gerade wenn Ersatzteile bestellt werden mußten, durchaus für ein paar Tage mitgenommen werden mußte. Es gab auch Kunden, die ganz andere Anforderungen hatten und die wir jungen Auszubildenden, wie wir heute genannt würden, gerne erfüllten, manchmal auch zu ungewohnten Zeiten. Größere Ereignisse in der Stadt mußten oft mit Lautsprecheranlagen unterstützt werden. Da die Firma Pape solche hatte, war es Aufgabe des Verfassers, während seiner Lehrjahre immer die Anlagen bei den Schützenfesten vor dem Rathaus und auf dem Schützenplatz aufzubauen und zu betreiben. Das jährliche Turnier auf dem Reitplatz an der Winsener Straße gehörte ebenso dazu. Als Sonderereignis durfte 1969 der dritte Bundeskanzler der Bundesrepublik, Kurt Georg Kiesinger, die Turnhalle am Schützenplatz durch Papes Lautsprecheranlage beschallen.

Zwar hatte Soltau eine Berufsschule, jedoch fehlten dort die Lehrmöglichkeiten für Radio- und Fernsehtechniker. Daher fuhren die entsprechenden Lehrlinge aus dem ganzen Landkreis

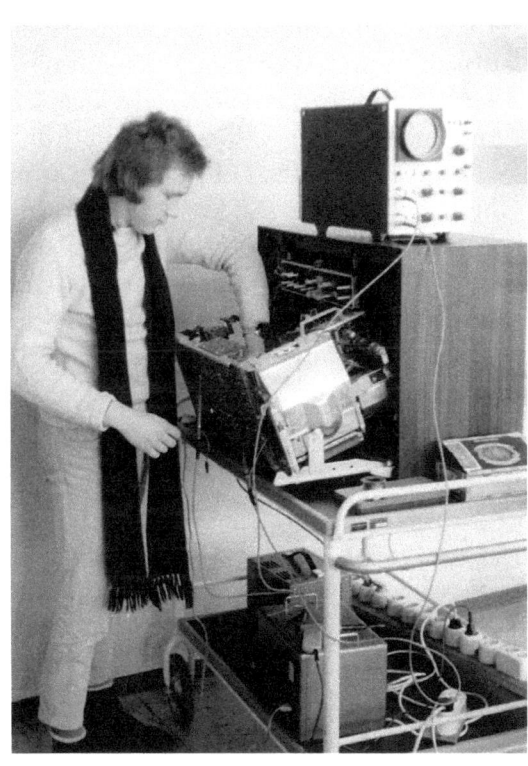

Bild 110   Fernsehlehrgang in Lüneburg ca. 1970. Freund und Co-Lehrling Klaus Barginda greift bei einer Praxiseinheit in die Elektronik eines Farbfernsehers.

zur Schule nach Lüneburg. Gerade zu Beginn der Lehrzeit hatte kaum ein Auszubildender ein eigenes Fahrzeug. Man war auf öffentliche Verkehrsmittel angewiesen. Damals betrieb die OHE noch einen regelmäßigen Personenverkehr auf der Strecke zwischen Soltau und Lüneburg. So konnte man frühmorgens hinfahren und nachmittags zurück. Allerdings mußte man sehr früh aufstehen, um den Triebwagen im Soltauer Hauptbahnhof zu erreichen. Andererseits kam man im Bahnhof Lüneburg-Süd so rechtzeitig an, daß es meistens, noch vor der Schule (!), zu einer kurzen Einkehr in die dortige kleine Bahnhofsgaststätte reichte.[1]

Nach drei Jahren Ausbildung in Soltau und bestandener Gesellenprüfung in Lüneburg 1971 begann direkt danach die Lernerei für das Fachabitur, das bequemerweise im gleichen Schulkomplex in Lüneburg, Am Schwalbenberg, stattfand. Sogar einige Lehrlingskollegen und Teile des Lehrkörpers traf man im nun andersgearteten Unterricht wieder. Die tägliche Fahrerei war schon lange nicht mehr nötig. Inzwischen nannte der Schüler seit seiner Führerscheinprüfung 1970 einen VW 1200 – Käfer – sein Eigen. Klein, wie die Welt war und ist, bewohnte man ein kleines Zimmer in Lüneburg zur Miete, und zwar bei der Mutter der Soltauer Gastwirtin Frau Livermore, spätere Grüber. Da eine abgeschlossene Lehre vorgewiesen werden konnte, währte das Gastspiel in Lüneburg verkürzt nur ein Jahr und endete mit der anvisierten Fachhochschulreife.

Nun ging es allerdings nicht sofort ins Studium. Die Bundeswehr rief zur Ableistung der Wehrpflicht bei der Luftwaffe. Aufgrund der körperlichen Eigenschaften sollte es allerdings nicht beim fliegenden Personal sein – obwohl man nach Antritt zur Grundausbildung zunächst den Dienstgrad eines *Fliegers* hatte. Die technische Ausbildung zum Radio- und Fernsehtechniker half, die richtige Einheit zu finden. Es gelang, nach dem Absolvieren der Grundausbildung in Goslar in die Radarstellung auf dem Elmhorstberg bei Hiddingen versetzt zu werden. Hier kam man mit Großradartechnik und der

---

[1] Zur Ankunft in Lüneburg siehe Bild 104.

Bild 111   Hier wird während der Wartung der Radaranlage bei Hiddingen mit einem Kameraden bei bester Fernsicht Pause in der Antenne gemacht. Der Verfasser (links) lacht im Sommer 1973 vom erhöhten Ruhepunkt in die Landschaft.

vielen für deren Betrieb notwendigen technischen Gewerke und High-End-Meßtechnik in Kontakt. Auch hier wieder technische Offenbarungen, diesmal über außergewöhnliche Sende- und Empfangstechnik! Nach einer weiteren Ausbildung, jetzt an der Radaranlage, war der Soltauer Soldat ein Flugmelderadarmechaniker … welch schönes Wort. Die Nähe der Heimatstadt ermöglichte es, außerhalb der Schichten in der Stellung auf der Gilkenheide, im eigenen Zimmer bei den Eltern zu schlafen und nicht in der Kaserne in Visselhövede. Dieses war leicht zu realisieren. Diente doch ein Bekannter aus Soltau, Werner Diederichs, als Zeitsoldat in Hiddingen. Damit war eine Fahrgelegenheit sichergestellt.

Anläßlich einer Verwendungsberatung wurde vorgeschlagen, ein Studium bei der Bundeswehr anzuschließen. Die eigenen Pläne sahen aber vor, später in der Privatwirtschaft zu arbeiten. Daher folgte unmittelbar nach Beendigung des Wehrdienstes im Herbst

1973 die Aufnahme des Studiums der Nachrichtentechnik in Hannover. Um während des Studiums bezüglich praktischer Arbeiten nicht aus der Übung zu kommen, wurde in den Semesterferien immer beim Meister der Radio- und Fernsehtechnik Holger Poppke in seinem ersten „Geschäftshaus" im früheren Cementmüller-Gebäude am Bahnhof Soltau (Han) Süd an der Gartenstraße gearbeitet.[1]

Die Interessenslinien der Kindheit und Schulzeit, sowie die Ausbildungsschritte, die dem Mittel- beziehungsweise Realschulabschluß folgten, hatten letztendlich zielgerichtet zum richtigen Studium geführt. Es wurde zwar nicht der Ingenieur für Luft- und Raumfahrt, jedoch ein vergleichbarer Abschluß als Diplom-Ingenieur in einem anderen modernen Fachgebiet, der Nachrichtentechnik.

---

[1] Siehe Bild 146. Hinter der Lok, rechts, ist das Cementmüller-Gebäude sichtbar.

Eine Eisenbahn für Neuenkirchen

Das mühsame Erwachen einer Kleinbahn und ihr Einschlafen

Transportwege sind einerseits vorhanden, weil schon immer Güter, Tiere und Menschen von einem Punkt zum anderen gebracht wurden. Andererseits entstanden Transportwege aber erst, weil neue Möglichkeiten einfachere und schnellere Verbindungen ermöglichten. Klassisch sind hier die Eisenbahnen zu nennen, die sonst mühsam zu durchquerende Gegenden und umständlich zu überwindende geographische Hindernisse für den Verkehr erschlossen. Zu Anfang des zwanzigsten Jahrhunderts war die Staatsbahn bereits lange in Betrieb. Soltau hatte 1873 Zugang zum überregionalen Bahnnetz durch die Eröffnung der Verbindung Uelzen-Langwedel bekommen, als Teil der Amerika-Linie. Um die Jahrhundertwende liefen dann Planungen, genauso auf regionaler Ebene mittels Kleinbahnen Eisenbahnanbindungen zu schaffen. Ein größeres Projekt stellte die Lüneburg-Soltauer Bahn dar, die durch eine aufwendig zu überwindende Heidegegend, mit einem Höhenunterschied von 95 Metern zwischen Lüneburg und ihrem höchsten Streckenpunkt von 109 Metern, zu bauen war. Die Schwierigkeiten bei der Realisierung, unter anderem wegen der notwendigen Überquerungen vieler Gewässer, wurden offensichtlich überwunden und die Eröffnung der Bahn erfolgte im Juni 1912. Die Betriebsaufnahme sollte eine wichtige Voraussetzung für den späteren Betrieb der Kleinbahn Soltau-Neuenkirchen werden.

Lange vor deren Bau bekam der Ort schon einen Bahnhof, allerdings nicht mit seinem Namen und in seinen Grenzen, sondern fünf Kilometer entfernt. Im Rahmen des Baues der Eisenbahn Uelzen-Langwedel entstand der Bahnhof „Frielingen", der ab seiner Indienststellung 1873 auch von den Bewohnern des „Stichts" genutzt wurde. Die entsprechende Rolle des Bahnhofes beschrieb der Neuenkirchener Pädagoge und Kenner der Heimatgeschichte Horst

Mikasch 1990 in seinen Beiträgen zur Neuenkirchener Heimatgeschichte für den Zeitraum 1846-1899.[1]

Gänzlich unerwartete Hoffnung auf eine direkte Bahnanbindung Neuenkirchens keimte auf, als in den Jahren 1872-1876 eine Walsroder Initiative entstand, die die geplante, über Soltau verlaufende Verbindung Hannover-Harburg weiter westlich über Walsrode und Schneverdingen nach Jesteburg führen wollte.[2]

Bild 112 Bahnhof Visselhövede ca. 1900

Tatsächlich erreichte eine Bahn 1890 Visselhövede über zwei in jenem Jahr eingeweihte Abschnitte, die jedoch nacheinander fertiggestellt wurden (Mitte der 1880er Jahre die Strecke bis Walsrode, im Anschluß das Gleis bis Visselhövede). Um nun einen erwarteten Weiterbau in nördlicher Richtung zu beeinflussen, begannen – initiiert durch den Kreisausschuß des Kreises Soltau – ab Oktober 1889 Aktivitäten der Gemeinden im Neuenkirchener und Schneverdinger

---

[1] Siehe Anhang, Teil 1: Die Eisenbahnstation Frielingen – Neuenkirchens erster Bahnhof

[2] Siehe Anhang, Teil 2: Ein Eisenbahnprojekt für Neuenkirchen aus den Jahren 1872-1876

Bild 113 Um 1913 wurde intensiv die Weiterführung der Bahn über Schwalingen bis Tostedt diskutiert. Eine vorläufige Planung sah die Trassenführung und das Bahnhofsgelände westlich des Ortes vor, hier maßstäblich übertragen aus dem damaligen Plan zur Ortslage.

Bereich. Sie sollten eine Streckenführung über Neuenkirchen, Schneverdingen und Wintermoor nach Tostedt erreichen. Dort sollte der Anschluß an die Bahnlinie Bremen-Hamburg erfolgen.

Dann stellte man 1896 eine Verbindung von Walsrode nach Soltau fertig. Die Weiterführung von Soltau über Bispingen und Evendorf nach Winsen a.d. Luhe wurde aufgegeben. Letztendlich entschied man sich für den Weiterbau über Schneverdingen bis Buchholz, das 1901 erreicht wurde. 1906 erfolgte die Verbindung Visselhövedes mit Rotenburg über Brokel. Somit war der ländliche Bereich zwischen den Orten Neuenkirchen, Scheeßel und Tostedt ohne einen nahen Zugang zur Eisenbahn. Daraus entwickelten sich in der Folge Initiativen, die zwei Projekte zur Erschließung für den

Bild 114   Verblichenes Hinweisschild zum Neuenkirchener Bahnsteig im Bahnhof Soltau (Han) Süd der OHE.

Bahnverkehr vorschlugen. Eine Variante sollte nun von Visselhövede über Neuenkirchen nach Schneverdingen verlaufen, die andere von Soltau über Neuenkirchen nach Scheeßel.

Hierzu fand am 14. April 1907 in Tewel eine Versammlung statt, an der verschiedene Bürgermeister und Honoratioren teilnahmen. Die Zusammenkunft weckte offenbar großes Interesse. 400 Personen sollen teilgenommen haben. Der Vorsitzende stellte eine „überwältigende" Mehrheit für die Realisierung der Bahnlinie Soltau-Neuenkirchen nach Scheeßel fest. Daraufhin versuchte der Schwalinger W. Witte den Schneverdinger Bürgermeister ins Boot zu holen, um mit den betroffenen Gemeinden über den am Bau neuer Eisenbahnen interessierten Landrat des Kreises Soltau, Dr. Axel von Rappard, bei höchsten Stellen, bis hin zum zuständigen Minister, Fürsprache für eine Kleinbahn zu erhalten. Chancen sah man unter anderem im geringen Interesse der Königlich Preußischen Eisenbahnverwaltung aus wirtschaftlichen Gründen an den ihnen seit 1879 unterstellten Privatbahnen. Ebenso ließ die Unterstützung des Kleinbahnbaues durch den preußischen Staat und die Provinz Hannover am Beispiel der Gründung der „Kleinbahn Celle-Soltau, Soltau-Munster GmbH" (vormals Kleinbahn Garssen-Bergen, seit April 1902) im Juli 1908 hoffen. Ohne eine Betrachtung der Rentabilität kam auch dieses Vorhaben nicht aus. Die Ausführungen des hinzugezogenen Landesbaurates Sprengell, zuständig für die Kleinbahnen der Provinz Hannover, klangen nicht vielversprechend. Beispielsweise erwartete er, daß Waren, wie zum Beispiel Kohlen (die hauptsächlich aus Westfalen bezogen wurden), weiterhin über Frielingen und nicht mit dem Umweg über die Soltauer Bahnhöfe geliefert würden. Dennoch forcierten der Landkreis Soltau und sein Landrat den Beginn der Trassenvermessungen.

Im Juli 1909 stimmte der preußische Minister für öffentliche Arbeiten dem Bau einer Kleinbahn nach Neuenkirchen zu. Weitere Fahrt nahm das Projekt am 7. Dezember 1912 durch den folgenden Beschluß des Kreistages auf: „Der Kreis Soltau erklärt sich bereit, der noch zu bildenden Gesellschaft zum Bau und Betriebe einer normalspurigen Kleinbahn von Soltau nach Neuenkirchen

Bild 115 Ankunfts- und Abfahrzeiten in Ellingen; das untere Schild erklärt für Wartende: „Züge halten hier nur nach Bedarf. Reisende, die einsteigen wollen, machen sich dem herannahenden Zuge rechtzeitig bemerkbar."

mit einer Stammeinlage von rund 233 000 Mark beizutreten unter der Voraussetzung, daß der Staat und die Provinz sich an dem Unternehmen in je gleichem Maße beteiligen … Die Gemeinde Neuenkirchen wird mit einer Vorausleistung von jährlich 1000 Mark belastet, die dem Vorteil entspricht, der ihr durch die Anlegung der Bahn über ihre sonstige Leistung erwächst. Diese Vorausleistung soll zur Erleichterung der auf die übrigen Gemeinden entfallenden Grunderwerbskosten verwendet werden."

Frühere Diskussionen für die Bahnen im Bereich der Lüneburger Heide, ob aus Kostengründen Schmalspurbahnen geplant werden sollten, führten dennoch zur Entscheidung für normalspurige Ausführungen. Entsprechend baute man die Neuenkirchener Bahn mit einem Regelspurabstand der Schienen von 1435 mm. Die Streckenlänge würde 11,9 Kilometer betragen, ohne kritische Steigungen oder Gefälle. Der Realisierungsgang durch die Instanzen lief, verwaltungstechnisch korrekt, weiter. 1913 waren alle Verhandlungen

X 515	X 535	† 537	℠ 545	X 565	575	585	†595	km	Zug Nr	Zug Nr	X 514	524	X 536	...	℠ 546	566	℠ 574	576
...	X 6.37	X 9.33	† 10.18	℠ 12.05	13.38	17.46	19.53	† 20.18	0,0	ab	**Soltau** (Han) Bbf 109b. 211e an	X 6.33	7.26	X 10.19	...	℠ 12.52	14.40	℠ 17.31	18.33
...	6.45	9.41	10.26	12.13	13.46	17.56	19.56	20.26	4,9	▼ ◊ Wiedingen .... ◢	6.22	7.16	10.11	...	12.41	14.32	17.23	18.25
...	6.48	9.44	10.29	12.17	13.49	17.59	19.54	20.29	6,3	▼ ◊ Ellingen (Kr Soltau) ... ◢	6.22	7.13	10.08	...	12.41	14.29	17.20	18.22
...	6.53	9.49	10.34	12.22	13.54	18.04	19.59	20.34	9,2	▼ ◊ Gilmerdingen .... ◢	6.17	7.08	10.03	...	12.36	14.24	17.15	18.17
...	X 6.58	X 9.54	† 10.39	℠ 12.27	13.59	18.09	℠ 20.04	† 20.39	12,0	an	**Neuenkirchen** (Kr Soltau) ... ab	X 6.12	7.03	X 9.58	...	℠ 12.31	14.19	℠ 17.10	18.12

a = verkehrt X außer ℠a   b = täglich außer ℠a

Bild 116 Auszug aus dem Taschenfahrplan Niedersachsen Winter 1960/61 mit den Ankunfts- und Abfahrtszeiten der Stationen bzw. Haltepunkte kurz vor Einstellung des Personenverkehrs.

zum Grunderwerb beendet und im Oktober einigten sich der preußische Staat, die Provinz Hannover und der Landkreis Soltau über die Finanzierung.

Die Gründung der „Firma Kleinbahn Soltau-Neuenkirchen Gesellschaft mit beschränkter Haftung zu Soltau" erfolgte mit dem Handelsregistereintrag beim Amtsgericht Soltau am 16. Februar 1914. Die Genehmigungsurkunde des Landrates von Rappard mit seinen Vorgaben in Form von neunzehn Paragraphen, was für einen erfolgreichen Betrieb aus seiner Sicht zu beachten sei, stammt vom 5. Januar 1914. Kurz vor Ausbruch des ersten Weltkrieges genehmigte der Präsident der Bezirksregierung in Lüneburg im März 1914 den Bau und Betrieb der Kleinbahn.

Bild 117 OHE-Fahrkarte 2. Klasse Neuenkirchen – Soltau (Han) Süd vom 1. Mai 1959

Die Mitteilungen über den Fortschritt der Arbeiten erscheinen jeweils in den jährlichen „Berichten über die Verwaltung und den Stand der Kreis-Kommunal-Angelegenheiten". Im Geschäftsjahr 1912 wird unter anderem die Zuversicht über eine Verlängerung der Bahn zum Ausdruck gebracht: „Die Weiterführung der Bahn am besten über Schwalingen, Lünzen, Großenwede und Fintel nach Tostedt zum Anschluß an die Zevener Kleinbahn ist hoffentlich nur eine Frage der Zeit." Im Bericht von 1913 wird eindringlich auf die Möglichkeiten der Urbarmachung und Erschließung der damaligen Heide- und Moorlandschaft durch die Bahn hingewiesen.

Bild 118 Die Dampflok 89138 (Typ Borsig C n2t) befuhr als Lok 3 der Kleinbahn Lüneburg-Soltau deren Strecken vor der Bildung der Osthannoverschen Eisenbahnen AG im Jahre 1944. Im Register der Bahn finden sich zehn dieser und ähnlicher Lokomotiven.

1914 begannen die Bauarbeiten, konnten aber in den darauf folgenden Kriegsjahren nicht beendet werden. Laut Kantor Kruses Angaben in der Neuenkirchener Schulchronik haben sogenannte Kriegerfrauen beim Bahndammbau mitgearbeitet. H. Mikasch konnte dieses verifizieren. Aufgrund der Mangelwirtschaft des Krieges behandelte man die Schwellen vor ihrer Verlegung nur unzureichend gegen Verrottung. Entsprechend mußten sie bereits zehn Jahre später ausgetauscht werden. Die Kleinbahn Soltau-Neuenkirchen schrieb im Jahr 1931 an den Oberpräsidenten in Hannover: „Die beim Bau der Kleinbahn Soltau – Neuenkirchen im Jahre 1915/16 verlegten Holzschwellen mußten infolge Fehlens von Teeröl mit Dinitrophenolhaltiger Salzlösung getränkt werden. Von den s.Zt. eingebauten 18.000 Stück Schwellen sind infolgedessen bereits 6.000 Stück abgängig und inzwischen ausgewechselt worden. In den nächsten Jahren müssen demnach noch 12.000 Stück Schwellen erneuert werden." Das Gleisbett wurde genauso kostengünstig ge-

Bild 119   OHE-Triebwagen DT 0502 am 27. Mai 1961 im Delmser Lokschuppen vor seiner letzten Fahrt nach Soltau um 17.10 Uhr. Siehe auch Bild 145.

Bild 120   Hier wird zum Schluß die Haltestelle Wiedingen passiert.

baut. Statt in stabilen Schotter legte man die Schwellen auf ganzer Streckenlänge in ein Sandbett, das bis zur Aufgabe der Strecke bestehenblieb. Die Gleisanlagen des Delmser Bahnhofs benötigten für die Verkehrsabwicklung in dessen späterem Endausbau sechs Weichen.

Nach einem provisorisch beginnenden Bedarfsgüterverkehr Anfang 1917 und einem beschränkten Personenverkehr ab Februar 1918 erfolgte die offizielle Einweihung der Kleinbahn Soltau-Neuenkirchen am 15. Mai 1920 als eigenständige GmbH. Der Betrieb, hier die Beistellung von Lokomotiven, Personal und die Verkehrsabwicklung, übertrug man der Lüneburg-Soltauer Bahn. Die Fahrten im Personenverkehr fanden anfangs dreimal täglich statt. Zur Übernachtung konnte die Lokomotive ab 1922 in einem Lokschuppen am Delmser Bahnhof abgestellt werden. Für Lokführer und Heizer gab es Übernachtungsmöglichkeiten im Bahnhofsgebäude. Die Nächte waren kurz. Der letzte Zug erreichte den Bahnhof um 23.00 Uhr. Am nächsten Morgen ging es mit der ersten Fahrt um 06.00 Uhr zurück nach Soltau. Und der Kessel der Lok mußte auch unter Druck gehalten werden …

Bezüglich der Verlängerung der Strecke nach Tostedt verhinderten nach dem Ende des 1. Weltkrieges die daraus entstandenen schwierigen Verhältnisse deren Realisierung. In den Folgejahren bemühte man sich weiter um die Verwirklichung. Da die beteiligten Gemeinden die aus dem Bahnbau entstehenden Kosten nicht übernehmen konnten, kam 1926 das Aus und man hoffte auf bessere Zeiten, die letztendlich nicht kamen.

Die Neuenkirchener Bahn besaß selbst nur wenige Wagen. 1933 sind ein Personenwagen 3. Klasse, ein gedeckter und zwei offene Güterwagen bekannt. Zu den hauptsächlich transportierten Gütern zählten landwirtschaftliche Produkte und Lieferungen für

---

Triebwagenabschied

Bei der letzten Fahrt las man, mit Kreide geschrieben, an einer Wagenfront: *Neuenkirchen leb wohl!*, auf der gegenüberliegenden den Spruch: *Zur letzten Fahrt leb wohl geliebtes Heideland.*

Die Fahrzeugseiten waren auch „verziert", auf einer hieß es:

Leb wohl geliebtes Heidjerland.
Ich muß dem Fortschritt weichen.
Zur letzten Fahrt tret ich nun an
Die Hand will ich „Euch" reichen.

… und auf der anderen:

Lebt wohl Ihr lieben Gäste,
ich komm nie mehr zurück.
Habt „Dank" für treue Dienste,
Ich wünsch Euch viel, viel Glück!
EUER DELMSER EXPRESS

---

den Landhandel, mit der 1922 gegründeten Landwirtschaftlichen Bezugs- und Absatzgenossenschaft als wichtigen Kunden. Bis zur Einführung von Triebwagen mit Verbrennungsmotoren für den Personenverkehr ab den 1930er und Diesellokomotiven für den Gütertransport in den 1950er Jahren befuhren – hauptsächlich von Borsig und Hanomag zwischen 1913 und 1929 gebaute – Dampfloks die Strecken in der Lüneburger und Soltauer Region. Die Nummer 6 des

Lokbestandes war eine dreiachsige, 1891 gebaute Lok der Union-Gießerei in Königsberg, Typ MIII-4e, die 1916 gebraucht in Halle/Saale gekauft wurde. Sie muß wohl auf Soltaus Gleisen eingesetzt worden sein. Der Vater des Verfassers von der Burg erzählte von einer oft gesichteten Lok, die sein Freundeskreis aufgrund des hohen Schornsteines „Stine mit dem langen Hals" nannte.

Bereits im Juni 1923 ging die Betriebsführung für beide Bahnen auf das Landeskleinbahnamt der Provinz Hannover über. 1922 hatten sich die Kleinbahnen Lüneburg - Soltau, Soltau - Neuenkirchen und Celle - Soltau - Munster auf eine gemeinsame Nutzung des Bahnhofes in Soltau geeinigt. Dadurch ergaben sich entsprechende Vereinfachungen im Güterverkehr und für die Anschlußverbindungen der Kleinbahnreisenden. Die Aufteilung der Bahnanlagen wurde vertraglich festhalten. Die Gleisanlagen gehörten jeweils hälftig den Gesellschaftern Lüneburg-Soltauer und Celler Bahnen, das Bahnhofsgelände nur den Cellern.

Bild 121 Anzeige von 1965. Nach Einstellung des Personenverkehrs und dem Abriß des Lokschuppens wurde das Gleis über die Delmser Dorfstraße hinaus als Anschlußgleis für die Viehverladehalle der Genossenschaft verlängert.

Durch das vorhandene, begrenzte wirtschaftliche Umfeld ergab sich, im Gegensatz zu den anderen Soltauer Kleinbahnen, keine ausreichende Rentabilität. Im Jahr 1928 wurden im Personenverkehr der Neuenkirchener Bahn lediglich 5.300 Reisende erfaßt, was, zusammen mit dem schlechten Zustand des sogenannten Oberbaues

(Gleisbett und Gleise), im Dezember des Jahres zu dessen Einstellung führte. Der planmäßige Güterverkehr wurde im Januar 1933 durch Bedarfsverkehr ersetzt.

Die beiden Kleinbahnen Lüneburg-Soltau und Soltau – Neuenkirchen fusionierten am 1. Januar 1944 zur Lüneburg-Soltauer Eisenbahn GmbH. Schon am 6. Juni des Jahres ging diese Gesellschaft zusammen mit der Celler Eisenbahnen AG in der Osthannoverschen Eisenbahnen AG auf.

Nach dem zweiten Weltkrieg begann zwischen Soltau und Neuenkirchen am 22. August 1945 wieder der Güterverkehr,

Bild 122 Der Ameisenbär überquert im Juli 1973 die Kreisstraße 16 (OHE-Brücke Visselhöveder Straße, damals noch vor den Toren Soltaus).

Bild 123 OHE-Stangendiesellok 40061 (Deutz, Typ T6M625R) überquert hier im Juni 1965, mit ihrem Güterzug von Neuenkirchen kommend, die DB-Strecke nach Langwedel/Bremen und passiert deren Streckenposten 32.

gefolgt vom Personenverkehr am 1. April 1947 nach fast zwanzig Jahren Unterbrechung. 1961 wurde die Personenabfertigung im Bahnhof Soltau (Han) Süd, dem Kleinbahnhof eingestellt. Entsprechend fand die letzte fahrplanmäßige Fahrt eines Triebwagens

(OHE DT 0502, Hersteller Talbot, 1934) nach Neuenkirchen und zurück am 27. Mai 1961 statt.

Um die Umsteigevorgänge zu vereinfachen und damit zu beschleunigen wurde der Personenverkehr des Bahnknotens Soltau, dieser gebildet durch Deutsche Bundesbahn und OHE, ab des oben genannten Datums im Bahnhof Soltau (Han) der DB zusammengefaßt. Für den Neuenkirchener Triebwagen hätte dieses ein umständliches Rangieren vom Neuenkirchener Gleis bedeutet, das am Kleinbahnhof aus Richtung Krumme Rieth ankam und von dem man nur nach Umsetzen auf den OHE-Gleisen in

Bild 124   OHE-Triebwagen VT 0511 im Oktober 1977 bei einer Sonderfahrt auf der Brücke über die DB-Strecke Uelzen-Langwedel, die gerade von einer Dreifach-Schienenbuseinheit der DB-Baureihe 796/798 befahren wird.

Bild 125   Eine andere Sonderfahrt des Ameisenbären zum Bahnhof Delmsen bei eher grauem Wetter. Fahrradtransport fand diesmal nicht statt.

Richtung Celler Straße zurück über das Anschlußgleis zur Staatsbahn und in den DB-Bahnhof einfahren konnte.

Der verbleibende Güterverkehr ging im Laufe der folgenden fünfundzwanzig Jahre, im Sinne des Wortes, schleichend zu Ende. Aufgrund des Zustandes der Strecke war zum Schluß nur noch eine

Geschwindigkeit von 10 km/h für die wenigen verbliebenen Güterzugübergaben erlaubt. Das wird die Lokführer sicher genervt haben. Für eine Strecke, die mit dem Auto in zehn Minuten zu schaffen war, mußten sie über eine Stunde durch die Landschaft zuckeln. Hauptsächlich nutzte

Bild 126 Heidepflücken während der Fahrt erlaubt, irgendwo auf OHE-Gleisen in der Heide.

die Landwirtschaftliche Bezugs- und Absatzgenossenschaft Neuenkirchen und Umgebung e.G.m.b.H. ein über die Delmser Dorfstraße auf das Firmengelände verlängertes Gleis, solange es noch betrieben wurde, als Bahnanschluß. Vorher endeten die Schienen am Bahnhof in Delmsen im alten Lokschuppen, der in den 1960er Jahren abgebrochen wurde.

Am 15. Januar 1986 wurde die Strecke für jeglichen Verkehr gesperrt. Die offizielle Stillegung erfolgte am 1. April 1996 und die Entwidmung am 7. November 2002. Damit existierte die Eisenbahnstrecke als solche nicht mehr und ist seitdem Geschichte.

Die Streckenführung hatte durch die Entwicklung der angrenzenden landwirtschaftlichen Flächen, der benachbarten Wald- und auch Heideflächen über die Jahrzehnte einen gewissen Reiz, insbesondere für Eisenbahnfans, bekommen. Nachdem der reguläre Personenverkehr eingestellt war, ließen es sich viele Gruppen nicht nehmen, solange der Oberbau es zuließ, die Kilometer zum Endpunkt und zurück mit Sonderfahrten zu genießen, wobei das Blumenpflücken während der Fahrt, wo es ging, offenbar erlaubt war. Zu diesen Fahrten wurden leichte OHE-Triebwagen eingesetzt, wie die Nummern VT 508 („Ameisenbär", Hersteller Wismar, 1937) und

Bild 127   Sonderfahrt des Ameisenbären für das „Big Stone" mit Halt, Bier und Musik im Wald bei Gilmerdingen in den 1970er Jahren. Nur das Wetter hätte besser sein können.

VT 511 (Wismar, 1934). Beide Fahrzeuge befinden sich heute noch im Fahrbetrieb (Ameisenbär bei der OHE in Soltau, VT 511 seit 2007 bei der Ilmebahn GmbH). Von 1973 bis Anfang der 1980er Jahre verkehrte der Ameisenbär sonntags im Auftrag des Verkehrsvereins Soltau zwischen Soltau und Neuenkirchen, wobei der VT 511 den 508 unter demselben Namen schon mal vertrat.

Besonderen Zulauf, vor allem bei jüngeren Leuten, hatten die Sonderfahrten sonntags mit dem Ameisenbären (VT 508), die der Betreiber der Soltauer Diskothek „Big Stone" in der Celler Straße, Peter Breier, in den 70er Jahren mehrmals organisierte. Es ging nicht nur um die Zugfahrt nach Neuenkirchen und zurück. Im Wald in Gilmerdingen wurde haltgemacht. Dort wartete Peter mit einer Theke und der Heather Heart Jazz Band, letztere nebst Klavier auf einem offenen VW-Transporter des Soltauer Bier- und Mineralwasser-Großhandels Oswald Schön, auf seine Gäste, die er natürlich zum großen Teil aus seiner Disko kannte. Da der Besuch im Wald durchaus länger dauerte – es fuhren sonntags ja keine anderen Züge, man blieb einfach auf dem Streckengleis stehen – konnte das durchgelaufene Bier mittels Pendelfahrten zum Delmser Bahnhof entsorgt werden.

Nach Stillegung der Strecke gab es zwischenzeitlich Versuche, sie ganzheitlich für museale oder Freizeitzwecke,

Bild 128 Peter Breier, Wirt des „Big Stone“, beim Zapfen. Ulla Tödter bewacht derweil das Bier des Fotografen.

Bild 129 Das Ende. An der Bundesstraße 71 bei Neuenkirchen wurde ein kurzer Gleisabschnitt zur Erinnerung an diese Eisenbahnstrecke erhalten.

189

wie zum Beispiel Draisinenfahrten wiederzubeleben. Das konnte nicht realisiert werden. Im März 2006 kaufte die Stadt Soltau die auf ihrem Gebiet liegenden Teile und baute sie zurück. Später folgte auch der Rückbau anderer Abschnitte. Draisinenfahrten werden heute in den wärmeren Monaten auf einem Teilstück der früheren Bahn im Bereich der Gemeinde Neuenkirchen auf einer einen Kilometer langen Strecke zwischen dem ehemaligen Bahnhof und der Bundesstraße 71 in Richtung Soltau angeboten.

Postskriptum

Vom Anfang des 19. Jahrhunderts bis 1925 praktizierten in zwei Schwalinger Familien „Wunderdoktoren". Eine dieser Personen stammte aus Neuenkirchen und soll dort bereits mehrfach Kranke durch Bestreichen mit der Hand geheilt haben. Die Anzahl potentieller Patienten in Schwalingen wuchs und wuchs. Für die Anreise nahmen sie lange Fußmärsche auf sich, andere erreichten den Ort mit fahrbaren Untersätzen. Ganze Fuhrwerkgesellschaften machten sich auf den Weg, um Heilung zu bekommen. An Hauptsprechtagen hielten lange Wagenreihen im Dorf und brachten ebenso den Wirtsleuten ihr Geschäft.

In der zweiten Familie wurden ebenso rege Krankenbehandlungen durchgeführt. Dort hatte man wohl das Geschäftsmodell erfolgreich übernommen. Nachfolger der Wundermänner entstammten immer der engeren Verwandtschaft der Familien.

Wer weiß, wie sich dieser „Fremdenverkehr" in Schwalingen entwickelt hätte, wäre dort frühzeitig eine Eisenbahnanbindung entstanden. An anderem Ort, in Radbruch, Samtgemeinde Bardowick, setzte die Bahn für die vielen Heilungssuchenden des Schäfers und Wunderheilers Heinrich Ast (* 1848; † 1921) seinerzeit Sonderzüge ein.

Die Selbstverständlichkeit des Vielreisenden

Von der Schwierigkeit, mit der Eisenbahn von A nach B zu fahren.

Beruflich hatte es mich nach München verschlagen. An der dortigen Arbeitsstätte lernte ich 1987 die Liebe meines Lebens kennen. Sie war in Salzgitter aufgewachsen und hieß Rosemarie, bayerisch passend mit Rosi angesprochen. Verwandtschaftsbesuche bei der Schwiegermutter und meinen Eltern fanden bereits statt, Besuche bei ihren vier Brüdern und Schwägerinnen aufgrund des guten Verhältnisses in der Familie ebenfalls.

Nach einem dreiviertel Jahr nahte das erste Weihnachtsfest und es gab eine Verabredung mit meiner Liebsten, die Salzgitter besuchte, uns dort am zweiten Weihnachtsfeiertag zu treffen. Aufgrund einer vorweihnachtlichen Dienstreise blieb mein Wagen in Bayern. Danach war ich zu Besuch in Soltau, mit der Absicht, dann mit der Bahn über Hannover, Richtung Goslar, bis Derneburg zu fahren. Dort würde mich ihr jüngster Bruder abholen für die letzten 20 Kilometer bis Salzgitter-Lebenstedt. Soweit der Plan.

Sehr früh morgens, ca. 07.30 Uhr, sollte es losgehen. Ich schaffte es, den Bahnhof rechtzeitig zu erreichen. Da stand der Zug! Schnell durch die Unterführung zum Bahnsteig und eingestiegen. Ich saß in einem Triebwagengespann. Der Pfiff ertönte sogleich und es ging los. Zu meinem allerhöchsten Erstaunen jedoch rollte er in die falsche, in die entgegengesetzte Richtung! In Richtung Hannover hätten wir nach Westen starten müssen! Vorhaben dahin. Aber wie heißt es so schön: „Lieber einen falschen Plan, als gar keinen." Also, schnell was Neues ausgeklügelt. Nach Osten fuhren wir ja nach Uelzen. Dort könnte ich auf der Hauptstrecke umsteigen und in Richtung Hannover fahren.

Geht doch. Zufrieden lehnte ich mich zurück. Beim Bahnfahren hinauszuschauen war immer interessant und gleichzeitig entspan-

Bild 130   Der Bahnübergang der Bundesbahn in der Celler Straße kurz nach der Inbetriebnahme der modernen Halbschrankenanlagen am 10. April 1989. Links nähert sich ein Personenzug aus Uelzen dem Bahnhof Soltau, gezogen von der Diesellok 216 052. Rechts steht das stillgelegte, rundlich markante Schrankenwärterhäuschen, Streckenposten 31 der Uelzen-Langwedeler Strecke (frühere Amerikalinie, heutige Kursbuchstrecke 116). Der Abriß erfolgte kurz danach. Dahinter verschwindet nach rechts die Strecke in Richtung Buchholz (Heidebahn, KBS 123).

nend. Bis zu diesem zweiten Weihnachtstag. Wir näherten uns dem Bahnübergang in der Celler Straße. Ich sah es beim Passieren desselben schon kommen. Unser Zug neigte sich erst leicht nach rechts, legte sich hinter dem Gasthaus „Zum Grünen Jäger" in die Kurve nach links und schickte sich an, den langen Bogen zu nehmen, an dessen Ende dann die Uelzener Bahn überquert (!) und die Strecke nach Buchholz in Angriff genommen wurde.

Das durfte doch nicht wahr sein! Ich hatte zu diesem Zeitpunkt meines Lebens bereits mehrere Kontinente bereist, wobei auch Bahnfahrten zum Repertoire gehörten. Und nun bekam ich es in meiner Heimatstadt nicht auf die Reihe, qualifiziert eine Reise anzutreten?

Noch eine Planänderung? Nein. Es gab doch den Haltepunkt Soltau Nord! Nach sofortiger Rücksprache mit dem Triebwagenpersonal erfolgte dort ein Halt und ich konnte den Zug verlassen. Mann, Mann, Mann …

Die nächste Telefonmöglichkeit lag nicht weit entfernt (Hotel „Soltauer Hof"), so daß mich ein Taxi zügig wieder nach Hause brachte. Dort angekommen, schauten mich meine Eltern aus ihrer Nachtwäsche mit sehr fragenden Blicken an. Was war passiert? Für mich, den um diese Zeit noch halb schlafenden Weltreiseexperten, war klar, daß so früh morgens, noch dazu an einem zweiten Weihnachtsfeiertag, nur *mein* Zug im Bahnhof warten konnte. Also stieg ich in den ein, den ich sah und auf den ich mich offenbar beim ersten Erspähen fixiert hatte. Daß auf dem Nachbargleis noch Einer stand, registrierte mein Gehirn nicht mehr. Der wäre der Richtige gewesen.

Nun hieß es, in Salzgitter anzurufen. Das sonst so souverän erscheinende, weitreisende Großm… mußte sein Malheur beichten. Das Problem war nicht meine Liebste. Nein, die Brüder, deren Mundwerk ich schon kannte, würden gnadenlos, ob meiner Reisefähigkeiten, lästern. Immerhin kannte ich sie inzwischen gut genug, um zu wissen, daß sie es letztendlich nicht so meinten.

Tatsächlich erreichte ich Lebenstedt durch eine spätere Verbindung noch am selben Tag. Allerdings versäumte ich durch meine Glanzleistung das leckere Mittagessen meiner schlesischen Schwiegermutter. Dafür wurde ich abends bei einem sehr gemütlichen Beisammensein mit der Familie entschädigt. Wie hieß der Kräuterlikör mit dem Hasen im Emblem doch gleich? Ach ja, wie sein Spitzname.

Anhang 1

Unveränderte Textauszüge aus: Horst Mikasch, 1990, Beiträge zur Geschichte von Neuenkirchen im Sticht, Neuenkirchen 1866-1899 – Unsere Dörfer in der ersten Hälfte der preußischen Zeit (Blauer Band)

Abschnitt: Vom Streben nach Teilhabe am Wirtschaftsaufschwung – Eisenbahnprojekte und Eisenbahnbau im Raum Neuenkirchen

Teil 1: Die Eisenbahnstation Frielingen – Neuenkirchens erster Bahnhof

In Neuenkirchen wird erzählt, der Bahnhof habe eigentlich am Südrande des Dorfes gebaut werden sollen, aber es sei einflußreichen Bürgern gelungen, dies zu verhindern. Bei ihnen wäre der Bahnhof unerwünscht gewesen, damit die Leute nicht so leicht nach Bremen zum Einkaufen kommen konnten. Andere hätten vorgebracht, daß Eisenbahnbeamte nicht so recht zu der hiesigen Bevölkerung paßten. Auch die Angst, Arbeitskräfte an die Bahn zu verlieren, wird als Grund für die Verlegung des Bahnhofes nach Frielingen genannt.

Wahr wird davon wohl nur sein, daß es Vorbehalte gegen den Bahnbau überhaupt gab. Mit einer solchen Haltung hätte man noch ganz in der hannoverschen Tradition gestanden. Als der Eisenbahnbau Anfang der vierziger Jahre des neunzehnten Jahrhunderts akut wurde, waren zunächst die offiziellen Stellen nicht geneigt, dem neuen Trend zu folgen. Als typisch für die damals verbreitete Einstellung kann die Eingabe des Soltauer Bürgermeisters und der Bürgervorsteher von 1845 angesehen werden, in der sie ihre Bedenken gegen die sich ankündigende Neuerung damit begründeten, daß der wegen der Lage Soltaus an der von Nord nach Süd verlaufenden Poststraße gut florierende „Im- und Export mit Pferdefuhrwerken" durch eine Eisenbahn gefährdet würde.

[…]

Bild 131 Bei der Einweihung des Bahnhofes Frielingen im Frühjahr 1873 zählte man neun uniformierte Eisenbahner. Der Schriftzug der Ortsbezeichnung war 2012 noch in ursprünglicher Schriftart am Gebäude vorhanden.

2018 findet man ihn, wohl aus Nostalgiegründen erneuert, in anderer Schriftart vor.

Am 17. Juli 1870 wird ein Staatsvertrag mit Preußen abgeschlossen, in dem u.a. Bremen der Erwerb von Grund und Boden übertragen wird. Daß Bremen von diesem Recht möglichst wenig Gebrauch zu machen suchte, sondern andere Wege gehen zu können hoffte, zeigt die Antwort des Bremer Bürgermeisters Duckwitz vom 2. September 1869 auf eine Anfrage des Domänenpächters Fock in Ebstorf, den interessierte, wie Ebstorf Bahnanschluß bekommen könnte: „Es werden die Ortschaften wohl tun, sich zu unentgeltlicher Abtretung von Land zum Bahntrakt und Stationen zu erbieten." Ob diese Erwartung weitgehend erfüllt wurde, ist nicht überprüft worden. Aber in Frielingen hatte der Bevollmächtigte des Hansestadt Bremischen Commissariats für die Uelzen-Langwedeler Eisenbahn Erfolg, wie die Verträge zeigen, die er am 25. April 1871 mit dem Cohrs-Hof und dem Springhorn-Hof geschlossen hat. Die wichtigste Passage dieses Vertrages lautet:

„Die Unterzeichneten verpflichten sich, der Freien Hansestadt Bremen behuf des Baues der Eisenbahn Langwedel-Uelzen das zur Anlage einer Haltestelle bei Dreifrielingen erforderliche Land für den Fall, daß von dieser Haltestelle aus Personen und Frachtgüter hin und zurück befördert werden können, sowie zu dem Eisenbahnkörper, den Böschungen, Gräben, Schutzstreifen, Wasser- und Wegeverlegungen und Parallelwegen, auch das für die Entnahme und Ablagerung von Erde erforderliche Land unentgeltlich und ohne jegliche Vergütung als Eigentum abzutreten, soweit die projektierte Eisenbahn die Feldmark der Kontrahenten berührt."

Bild 132   Gasthaus Jacobs-Krug um 1900 am Bahnhof Frielingen

Dafür, daß bei der Landbeschaffungsaktion in Frielingen der spätere Besitzer des Jakobs-Hofes, Peter Friedrich Thiermann, fördernd mitgewirkt hat oder gar der Initiator der Anlage eines Bahnhofes in Frielingen war, wie man in Neuenkirchen und Frielingen heute meint, hat sich in Akten keine Bestätigung finden lassen. Zwar verzeichnet ihn das Bremer Handelsregister zwischen 1869 und 1876 als Teilhaber verschiedener Firmen, aber den Jakobs-Hof erwirbt er erst am 1. Juni 1876, was er durch Überreichung eines Kontrakts anläßlich der Neuanlage des Grundbuches beim Eintragungstermin für die Frielinger Höfe am 15. Januar 1878 nachweist.

[…]

Wer mögen die ersten Fahrgäste aus Neuenkirchen gewesen sein? Waren sie nach Bremen unterwegs? Oder hat es sie sogar nach Berlin gezogen? Wer gegen 9.00 Uhr in Frielingen abfuhr, der erreichte nach einmaligem Umsteigen in Stendal gegen 12.00 Uhr die Reichshauptstadt. Hört man alte Berichte, so erkennt man, daß

Frielingen für Neuenkirchen und Umgebung das „Tor zur Welt" wurde – für die Auswanderer der achtziger Jahre im wahrsten Sinne des Wortes, denn sie gingen in Bremen auf die Schiffe, die sie nach Amerika brachten – und das Tor zur Welt blieb, solange der Personenverkehr ab Frielingen möglich war. In Frielingen luden Bauern und Kaufleute auch aus, was man sich an Gütern aus aller Welt zu beziehen nach und nach angewöhnte: Chile-Salpeter, den ersten Dünger, Palmenkernkuchen, das Kraftfutter für die Kühe, Kohlen und Baustoffe und die vielen Güter des Landhandels. Verladen wurde Vieh, Getreide, Kartoffeln und Holz.

Thiermann hatte richtig kalkuliert. als er neben dem Bahnhof den Jakobs-Krug erbaute. Wer verreisen wollte oder von der Reise zurückkam, der kehrte ein; wer was auslud oder verfrachtete, der genehmigte sich nach getaner Arbeit Schluck und Bier und half dabei mit, daß der Jakobs-Krug das Ansehen einer Goldgrube bekam. Aber er war nur ein Anziehungspunkt. Für viele Neuenkirchener, besonders die Jugend, war die Attraktion, die bald auch auf der Strecke verkehrenden Schnellzüge vorübersausen zu sehen. Wenn zufällig Kaiser Wilhelm zum Marinehafen Wilhelmshaven unterwegs war, dann konnten die angelockten Eisenbahnbegeisterten auch gleich noch die auf dem Bahnsteig angetretenen Beamten salutieren sehen, sobald der Extrazug den Bahnhof passierte.

Teil 2: Ein Eisenbahnprojekt für Neuenkirchen aus den Jahren 1872-1876

Just in dem Jahre, in dem am ersten Bahnhof für Neuenkirchen, in Frielingen, gebaut wurde, konnte das Dorf hoffen, bald mit seinem Ortsnamen auf den Eisenbahnfahrplänen zu erscheinen, zwar nicht auf Grund eigenen Strebens danach, sondern infolge einer Walsroder Initiative. Wie dabei Neuenkirchen ins Spiel kam, zeigt ein Schreiben des Walsroder Magistrats vom 3. Juni 1872: „Den verehrlichen Gemeindevorstand zu Schneverdingen benachrichtigen wir ergebenst, daß sich hier ein Eisenbahn-Commitee, bestehend aus dem Magistrat, dem Bürgervorsteher-Wortführer, Herrn Commerzienrat Wolff, und mehreren Gewerbetreibenden in der Stadt und deren Nähe gebildet hat. Der Zweck dieses Commitees ist der projektierten und durch die Königliche Eisenbahndirektion bereits in Vermessung begriffener Linie Hannover-Soltau -Harburg eine mehr westliche Richtung über Walsrode-Schneverdingen nach Jesteburg zu geben und da ein zur Erreichung dieses Zwecks an Königliche Eisenbahndirektion gerichtetes Gesuch bereits abschlägig beschieden ist, jetzt die erforderlichen Vermessungen und Nivellierungen auf dieser Linie von Hademstorf bis Schneverdingen auf eigene Kosten vornehmen zu lassen. "

Im August kommt aus Schneverdingen die Antwort, daß man zusammen mit den umliegenden Gemeinden, damit auch Neuenkirchen, etwa 200 Taler für die weitere Vermessung aufzubringen gedenke.

[...]

Der weitere Verlauf der Projektierung läßt vermuten, daß man im preußischen Handelsministerium offene Ohren gefunden haben muß. Offenbar um sicherzugehen, tat man ein übriges: Man sandte folgende Eingabe an das preußische Abgeordnetenhaus:

„Ehrerbietiges Gesuch der Stadt Walsrode, der Ortschaften Schwarmstedt, Schneverdingen und der von denselben vertretenen

Gemeinden. Wir erlauben uns kurz dem hohen Hause der Abgeordneten unsere Wünsche vorzutragen, indem wir an dasselbe das gehorsamste Gesuch richten: ‚Hohes Haus der Abgeordneten wolle bei der projektierten Eisenbahn Hannover-Harburg die Richtung über Schwarmstedt-Walsrode-Schneverdingen geneigtest befürworten.‘ Zur Begründung unseres Gesuchs legen wir den Bericht des Ingenieurs Menges, von dem die Vermessung der von uns gewünschten Linie ausgeführt ist, sowie unser Gesuch an Königliches Handelsministerium bei, und glauben wir damit den gründlichen Nachweis geliefert zu haben, 1. daß die Linie über Schwarmstedt, Walsrode, Schneverdingen in Rücksicht auf den Bau und Betrieb sowie auf die Baukosten die absolut beste ist; 2. … ; 3. daß sie Gegenden aufschließt, die sowohl in Beziehung auf die Landwirtschaft als auf die Industrie zu den hoch entwickelten gehören und die voraussichtlich tief geschädigt werden würden, wenn sie für lange Jahre von dem Eisenbahnverkehr ausgeschlossen blieben. Die anderteils projektierten Linien treffen zumeist Ortschaften, die bereits mit einer Eisenbahnstation versehen werden. Wir glauben nicht allein in unserem Spezialinteresse zu handeln, wenn wir das Hohe Haus der Abgeordneten um gründliche Prüfung dieser Eisenbahnfrage bitten, sondern zugleich das Wohl der Landdrostei Lüneburg in wesentlichen Teilen unbefangen im Auge zu haben. Wir benutzen diese Gelegenheit, uns gehorsamst zu empfehlen.“

Wie aus den Archivalien hervorgeht, war die Königliche Eisenbahndirektion mit weiteren Planungsarbeiten beauftragt worden. Sie hatte die Breite der Trasse festgelegt, die Lage der Haltestellen bzw. der Bahnhöfe bestimmt, die Überwege projektiert und den Gemeinden entsprechende Zeichnungen zukommen lassen. Aus diesen Zeichnungen ist zu ersehen, daß auf dem Gebiet der heutigen Gemeinde Neuenkirchen die Strecke von der Südwestecke der Behninger Gemarkung, etwa zwischen dem Weg nach Ottingen und der Sandkuhle des Jaspers-Hofes, in gerader Linie zur Nordostgrenze der Liester Gemarkung verlaufen sollte. Die Überquerung des Hahnenbachtals war zwischen dem Hof von Bergstedt, Herteler

Straße, und dem Brochdorfer Kirchweg vorgesehen. Die „Haltestelle Neuenkirchen" sollte im Bereich der Einmündung des Versemann-weges in die Brochdorfer Straße liegen. Nur für wenige der vielen geschnittenen Wege war eine Überführung geplant.

[…]

Am 5. Oktober 1875 hat die Königliche Eisenbahndirektion in Neuenkirchen einen Anhörungstermin veranstaltet, wobei ein Protokoll angefertigt wurde, das die Landdrostei in Lüneburg erhielt. Diesem Protokoll lassen sich noch einige interessante Einzelheiten entnehmen. So wird dem Vollhôfner Lütjens in Eitze mitgeteilt: „Die Benennung einer eventuell an der Kreuzung der Hannover-Harburger und der Langwedel-Uelzener Eisenbahn anzulegenden Haltestelle wird von dem Herrn Minister für Handel und Verkehr erfolgen. Der betreffende Antrag des Lütjens dürfte daher auf sich beruhen bleiben." Elfmal werden im Protokoll die Bahnüberführungen behandelt. Unerwähnt bleiben als offenbar akzeptiert die Überführung der Brochdorfer Straße, des Verbindungsweges Delmsen-Brochdorf (heute Straße, am Delmser Feuerwehrhaus beginnend, Mi.), des Delmser Weges, der aus der Straße nach Kempen am Haus Esk nach Norden abzweigt, des Sprengel-Liester Weges in der Nähe der Kreuzung mit dem Königshof-Schwalinger Weg und des am Südrande der Behninger Gemarkung liegenden Soltau-Visselhö-veder Weges. Ein Wunsch nach Verschiebung einer Überführung wird für Behningen beim Weg nach Drögenbostel bzw. zum Höllenberg erfüllt. Abgelehnt hingegen wird den Drögenbostelern eine Überführung über einen Feldweg im Südwesten der Behninger Gemarkung, eine Fußgängerüberführung am Brochdorfer Kirchweg, dem Vollhöfner P. Ch. Baden aus Delmsen eine Überführung in der Nähe seiner Lehmkuhle (ihm wichtig zum Transport des Lehms zu der weiter östlich gelegenen Ziegelei, Mi.), den Kempenern eine Überführung des Weges nach Schwalingen, Vollhöfner Meyer in Lieste eine Überführung eines seiner Feldwege. Seinen Schulsteig nach Sprengel will man umlegen und an die Überführung des Sprengel-Liester Weges heranführen. Auch der Neuenkirchener und Herteler Wünsch nach Geradelegung der Unterführung der Herteler Straße findet keine Berücksichtigung.

Ebenfalls elfmal geht es in dem Protokoll um Parallelwege zur Bahnlinie, die deshalb wichtig sind, weil abgeschnittene Grundstücksteile von einer Überführung aus nur über sie zu erreichen sind. Häufig reicht die vorgesehene Breite von vier Metern den Betroffenen nicht aus. Man gesteht ihnen fünf, ja sogar acht Meter breite Wege zu, wenn sie auch als Trift benutzt werden müssen. Der längste Parallelweg, acht Meter breit, wird nachträglich in die Planung aufgenommen. Er führt von der Überfahrt über den Delmsen-Brochdorfer Weg an den mit keiner Überfahrt versehenen Delmsen-Schwalinger Weg über den Hainhoop. Wo man eine Wertminderung durch Schneiden der Grundstücke anerkennt, empfiehlt man ein Entgegenkommen bei den Entschädigungsverhandlungen.

Daß auf den Delmser Wunsch nach einer anderen Benennung der in ihrer Gemarkung liegenden Haltestelle nicht eingegangen wurde, hatte eine Eingabe zur Folge. Sie lautete:

„An Königliche Landdrostei Lüneburg

Gehorsamste Vorstellung und Bitte von Seiten der Interessenten der Gemeinde Delmsen, Amts Soltau vom 1. März 1876 betreffend Benennung der in Folge der projektierten Hannover-Walsrode Harburger-Eisenbahn in der Feldmark Delmsen anzulegende Haltestelle.

Die gehorsamst unterzeichneten Interessenten der Gemeinde Delmsen erlauben sich hiermit auf die in dem verehrlichen Bescheide Königlicher Landdrostei Lüneburg vom 9.2. d. J. (…) getane Bemerkung die Benennung betreffend, folgendes ganz ehrerbietigst mit dem sehnlichsten Wunsche vorzutragen, unsere gehorsamste Vorstellung und Bitte eines wohlwollenden Blickes würdigen zu wollen.

Wenn in dem verehrlichen Bescheide seitens der hohen Landdrostei die Feststellung getroffen wird, es sei für die Veränderung der Benennung der in der Feldmark Delmsen anzulegenden Haltestelle kein hinreichender Grund vorhanden, sie statt Haltestelle Neuenkirchen Haltestelle Delmsen zu nennen, so glauben wir dies in Abrede stellen zu müssen, um so mehr als wir gute Gründe darlegen können.

Die Haltestelle bei Delmsen, welche sich fast nahe der Ortschaft hinzieht und ganz allein auf Grund und Boden der Feldmark Delmsen liegt, ohne auch nur ein Sandkorn von der Gerechtsame der Ortschaft Neuenkirchen zu berühren, wird also ganz und gar der Gemeinde Delmsen einverleibt. Die demnächst auf dem Bahnhofe angestellten Beamten würden entsprechend der gesetzlichen Bestimmungen nach zwei Jahren ihres Hierseins allein in der Gemeinde Delmsen unterstützungsberechtigt sein und nicht in Neuenkirchen. Ferner müssen alle hinzuziehenden Einwohner sich bei dem Vorsteher melden. Auf die Station neu Zuziehende würden sich irrtümlich in Neuenkirchen melden statt in Delmsen. Um irrtümliche Meldungen in Neuenkirchen zu vermeiden, müßte es ‚Delmsen' und nicht ‚Neuenkirchen' heißen.

Die Gemeinde muß behuf Anlage von Zufahrtswegen zum Bahnhofe und durch sonstige Veränderungen hinsichtlich des Verkehrs erhebliche Opfer bringen. Ein Ausgleich dafür wäre möglich, wenn wir bei geschäftlichen Beziehungen nach außen die Versendung unserer Produkte jeglicher Art per Bahnhof ‚Delmsen' betonen könnten. Wir sind eine selbständige politische Gemeinde und haben mit Neuenkirchen weiter nichts gemeinsam. Um so mehr müssen wir unsere eigenen Verhältnisse in Betracht ziehen. Auch müssen wir wegen der Aufrechterhaltung unserer Gemeindeinteressen und Hebung derselben für die Zukunft Bedacht nehmen. Bei einer Nichtbeachtung unserer Bitte müßten wir uns der Gemeinde Neuenkirchen gegenüber zurückgesetzt betrachten.

In Erwägung unserer dargestellten Gründe und gestützt auf den Grundsatz der Gleichberechtigung der Gemeinden glauben wir vollkommen berechtigt zu sein, unsere Bitte ehrerbietigst und vertrauensvoll der Königlichen Landdrostei vortragen zu dürfen:

Hochgeneigtest höheren Orts, eventuell beim Innenminister Grafen Eulenburg, Durchlaucht, unsere Bitte hochgewogentlich beantragen und befürworten zu wollen, daß die Benennung einer in unserer Feldmark bei Erbauung der Hannover-Walsrode-Harburger-Eisenbahn anzulegenden Haltestelle ‚Delmsen' unter Aufhebung der Benennung ‚Neuenkirchen' festgestellt werde.

In der zuversichtlichen Hoffnung, keine Fehlbitte getan zu haben, unterzeichnen dero Königlicher Landdrostei hochachtungsvoll gehorsamste Interessenten der Gemeinde Delmsen."

Warum das Projekt unausgeführt geblieben ist, hat sich nicht ermitteln lassen.

Bild 133 Horst Mikasch (* 1939; † 2016), hier im Dezember 2009, Pädagoge und Heimatgeschichtler, unter anderem Autor der mehrbändigen Beiträge zur Geschichte von Neuenkirchen im Sticht

Anhang 2

Ergänzende Abbildungen

Nachdem der Satz dieses Buches fertiggestellt war, ergaben sich weitere thematisch passende Quellen, deren Abbildungen die Beiträge sinnvoll ergänzen und die sich hier auf den folgenden Seiten anschließen.

Zum Beitrag »Erinnerungen«

Bild 134   Zur Weihnachtszeit, im Bild an der Friedenseiche um 1970, fand man an verschiedenen Plätzen in Soltau Figurengruppen aus Märchenszenen (hier: Schneewittchen und die sieben Zwerge), die von den Kindern gerne besucht und nacheinander geradezu „abgearbeitet" wurden. Der Fotograf hat beim „Winter" wohl etwas nachgeholfen.

Zum Beitrag »Erinnerungen« (Forts.)

Bild 135   Solange es das Gasthaus Drewes in Tetendorf gab, war es als Ausflugslokal beliebt bei Kindern und Erwachsenen – auch schon um das Jahr 1900.

Bild 136   Wie hier im rechten Schaufenster zu sehen, stand auch das erste brauchbare Fernrohr des Verfassers zunächst in Hawas Auslage. Entsprechend häufig fand man, bis zum Kauf dieses Gerätes durch die Eltern, die Abdrücke seiner platten Nase an der Scheibe. Siehe auch Bild 8.

Zum Beitrag »Erinnerungen« (Forts.)

Bild 137   Baden (oder Waschen?) unter Aufsicht im Ahlftener Flatt am Anfang des letzten Jahrhunderts. Nackedeis fotografierte man damals offensichtlich auch schon.

Bild 138   Die Buchhandlung Schütte führte in den 1950er/1960er Jahren auch Spielzeug. Im Schaufenster (links) zwischen dem Geschäftshaus und Photo-Leudolph befanden sich, neben Gemälden, die Modellbahnteile in der Auslage. Die H0-Bahn des Schreibers dieser Zeilen entstand seinerzeit aus Schüttes Angebot von „Fleischmann"-Komponenten.

Zum Beitrag »Der 17. April 1945«

Bild 139   Alle Häuser dieses Bildes in der unteren Marktstraße wurden durch den Brand am 17. April 1945 zerstört. Vom Baum vor dem Geschäftshaus G. F. Koch, Marktstraße 34, hier direkt hinter dem Hagen-Eingang sichtbar, wurde gegen 19.30 Uhr der hinten rechts vor der Soltau-Brücke und Uhrmacher Springhorn stehende britische Sherman-Panzer (der erste seines Zuges) von einem Unteroffizier namens Abarth mit einer Panzerfaust abgeschossen. Der Panzerzug gehörte zum Regiment der 5. Königlichen Inniskillings Dragoner. Zur Zerstörung der südlichen Häuserreihe (hier links im Bild) siehe Bild 69.

Bild 140   Die Neue Drogerie von Ernst Schröder „wanderte" die Marktstraße hinauf; erst war sie in der Nr. 32 rechts neben dem Hagen - Eingang (Bild), dann in der Nr. 21 (30er Jahre, dort später Hochwald und Klug, heute Möhrmann), final in der Nr. 8 (früheres Geschäftshaus des Holocaust - Opfers Simon "Sally" Lennhoff).

Das Haus Nr. 32 brannte ebenfalls ab.

Zum Beitrag »Der 17. April 1945« (Forts.)

Bild 141 Die Gebäude zwischen der Marktstraße und den alten Hagen-Häusern sind zerstört. Die Hausnummer 4, mitte links, der heutige „Landsknecht", hat die Feuersbrunst überstanden.

Somit waren alle Bauwerke links und rechts vor der Soltau-Brücke verschwunden.

Bild 142 Diese Häuser der Burg (hier ca. 1910) brannten gleichfalls nieder: 1945 waren das Bäcker Westermann (links, Hinteransicht), Wohnhaus Tischler Weyermann (rechts) und Schlachter Vielguth zur Marktstraße hin (ebenso Hinteransicht).

Zum Beitrag »Vom Kind zum Studium«

Bild 143   Eine Anzeige der Fa. Pape von ca. 1970. Diese Ansicht kennt der Verfasser sehr genau, denn er absolvierte dort zu der Zeit eine Lehre zum Radio- und Fernsehtechniker. Der Laden war das Reich von Frau Pape. Die Tür hinten rechts führte in den Werkstattbereich.

Bild 144   Reine Elektro- und Rundfunktechnik kam erst später (siehe oben). Die Anzeige von 1937 bewarb noch viele, eher auf massivem Metall basierende Produkte.

Zum Beitrag »Eine Eisenbahn für Neuenkirchen«

Bild 145   Am 27. Mai 1961 wartet OHE-Triebwagen DT 0502 im Bahnhof Delmsen geschmückt auf seine letzte Fahrt nach Soltau.

Bild 146   1973: Die OHE-Stangendiesellok 40062 steht hier im Bahnhof Soltau (Han) Süd. Mit ihrer Schwestermaschine fuhr sie Güterzugübergaben auf der Neuenkirchener Strecke; siehe Bild 123. Rechts im Bild steht das frühere Cementmüller-Gebäude (später Poppke) auf dem Firmengelände direkt neben den früheren Bahnsteiggleisen.

Zum Anhang 1 »Teil 1: Die Eisenbahnstation Frielingen – Neuenkirchens erster Bahnhof«

Gruss vom Jakobskrug, Frielingen Bahnhof.

Bild 147 Die Gastwirtschaft Jacobs-Krug und der Frielinger Bahnhof auf einer seltenen Postkarte des Verlages W. Brüning Photogr. Atelier, Varel (Oldbg.), 1910 über Soltau nach Bremen geschickt.

Quellenangaben

Die Soltau – das Doppelte Lottchen
- Verein zur Hebung des Fremdenverkehrs, 1926: Führer durch Stadt Soltau und ihre nähere Umgebung

Soltau an der Luhe
- Hamburger Wanderbuch, 1922, 11. Teil
- Burkhardt-Verlag, Kiel, 1930er Jahre: Reise- und Städteführer „Lüneburger Heide", Band 7
- Soltauer Schriften, Binneboom, Band 14, 2008

Böhmewasser für Soltauer Betriebe und Einrichtungen
- Hölscher, Albert, 1975: Alt Soltau erzählt
- Dr. Schaeffer, Wilhelm, 1937: Geschichte der Stadt Soltau
- Stadt Soltau, 1987: Soltau 1388-1988
- Meyerhoff, Heinrich, Aufzeichnungen

Die Gerberei der Gebrüder Meyerhoff in Soltau
- Meyerhoff, Heinrich, Aufzeichnungen

Vom Brunnen zur Wasserleitung
- Meyerhoff, Heinrich, Aufzeichnungen

Lohndienste für Soltauer Ackerbürger
- Dr. Schaeffer, Wilhelm, 1937: Geschichte der Stadt Soltau
- Meyerhoff, Heinrich, Aufzeichnungen

Stammtischpromotion
- Voss, Friedrich („Fritz"), mündlich

Der 17. April 1945
- Delaforce, Patrick, 1994: Churchill´s Desert Rats
- Klapproth, Willy, 1953: Kriegschronik 1945 der Stadt Soltau und Umgebung

- Montgomery, Bernhard Law, 1958: The Memoirs of Field-marshall the Viscount Montgomery of Alamein, K.G.
- Paterson, Ian: The History of the British 7th Armoured Division „The Desert Rats"
- Saft, Ulrich, 1988: Krieg in der Heimat – Das bittere Ende zwischen Weser und Elbe
- Verney, G.L., Major-General, 1954: The Desert Rats – The History of the 7th Armoured Division

Die Eröffnung der Eisenbahn Uelzen – Langwedel
- Spielhoff, Lothar, 1990: Länderbahn-Dampflokomotiven, Band 1

Soltauer Pfandeis
- Voss, Friedrich („Fritz"), mündlich

Eine Eisenbahn für Neuenkirchen
- Rogl, Hans Wolfgang, 1996: Die Osthannoverschen Eisenbahnen (alba)
- Hütter, Ingo; Bretschneider, Thorsten, 1997: Die Osthannoverschen Eisenbahnen (EK-Verlag)
- Mikasch, Horst: Die Kleinbahnstrecke Soltau-Neuenkirchen – Vorgeschichte, Planung, Bau („Der Niedersachse", Sonntagsbeilage der »Böhme-Zeitung«, 9-11/1992)
- Eisenbahnfreunde Lüneburger Heide/Altmark e.V., Bleckede
- Wikipedia: Bahnstrecke Soltau –Neuenkirchen
- Neuenkirchener Draisinenbahn, Buchholz (Nordheide)
- Kreiskalender 1936, Heimatbuch des Kreises Soltau
- Ridegh, Tibor M./Sperber, Achim , 1981: Lüneburger Heide

Anhang 1
- Mikasch, Horst, 1990: Beiträge zur Geschichte von Neuenkirchen im Sticht, Neuenkirchen 1866-1899 – Unsere Dörfer in der ersten Hälfte der preußischen Zeit (Blauer Band)

Abbildungsnachweis

Bild	Quelle	Bildursprung
Bild 1	Meyerhoff, Wilhelm	Postkarte
Bild 2	Meyerhoff, Wilhelm	Postkarte
Bild 3	Meyerhoff, Hanna	Foto
Bild 4	Meyerhoff, Wilhelm	Postkarte
Bild 5	Meyerhoff, Wilhelm	Foto aus Sammlung
Bild 6	Heimatbund Soltau e.V., Soltau im Bild, 1945 - 1965, 2008, Seite 91 oben	Foto
Bild 7	Wikipedia, DB-Baureihe V200	Foto
Bild 8	Meyerhoff, Wilhelm	Foto
Bild 9	Meyerhoff, Wilhelm	Postkarte
Bild 10	Der Landkreis Soltau, Geschichte–Landschaft–Wirtschaft, 1968 (Hrsg. Kreisverwaltung und Oberkreisdirektor Bachmann), Seite 67	Foto
Bild 11	Meyerhoff, Wilhelm	Grafik
Bild 12	Löser, C., eigenes Werk, CC BY 3.0 de	Foto
Bild 13	Google Earth	Foto
Bild 14	Reske, Bernd	Foto aus Sammlung
Bild 15	Google Earth	Foto
Bild 16	Google Earth	Foto
Bild 17	Pesquet, Thomas (ISS-Astronaut)	Foto
Bild 18	Meyerhoff, Wilhelm	Foto
Bild 19	Meyerhoff, Wilhelm	Postkarte
Bild 20	Meyerhoff, Wilhelm	Postkarte
Bild 21	Meyerhoff, Wilhelm	Postkarte
Bild 22	Meyerhoff, Wilhelm	Postkarte
Bild 23	Meyerhoff, Wilhelm	Grafik
Bild 24	Internet, www.komoot.de, user expressionist	Foto
Bild 25	Topologische Übersichtskarte 1:200000 Niedersachsen/Bremen, Ausschnitt	Landkarte
Bild 26	Meyerhoff, Wilhelm	Postkarte

Bild	Quelle	Bildursprung
Bild 27	Kurhannoversche Landesaufnahme von 1775, Ausschnitt	Landkarte
Bild 28	Meyerhoff, Wilhelm	Postkarte
Bild 29	Reske, Bernd	Foto aus Sammlung
Bild 30	Meyerhoff, Wilhelm	Postkarte
Bild 31	Meyerhoff, Wilhelm	Grafik
Bild 32	Ernst, Hannelore und Sigfried, Rundflug über Soltau vor Fünfzig Jahren, 2001, Seite 15	Luftbild
Bild 33	Meyerhoff, Wilhelm	Postkarte
Bild 34	Meyerhoff, Wilhelm	Foto aus Sammlung
Bild 35	Meyerhoff, Wilhelm	Foto aus Sammlung
Bild 36	Meyerhoff, Wilhelm	Foto aus Sammlung
Bild 37	Meyerhoff, Wilhelm	Postkarte
Bild 38	Meyerhoff, Wilhelm	Abbildung aus Sammlung
Bild 39	Meyerhoff, Wilhelm	Foto aus Sammlung
Bild 40	Meyerhoff, Hans	Foto aus Sammlung
Bild 41	Meyerhoff, Wilhelm	Foto
Bild 42	Meyerhoff, Wilhelm	Abbildung aus Sammlung
Bild 43	Heimatbund Soltau e.V., Soltau im Bild, 1945 - 1965, 2008, Seite 67 unten	Foto
Bild 44	Meyerhoff, Wilhelm	Foto aus Sammlung
Bild 45	Albert, D., CC BY SA 2.0	Foto
Bild 46	Meyerhoff, Hans	Foto aus Sammlung
Bild 47	Meyerhoff, Wilhelm	Postkarte
Bild 48	Meyerhoff, Wilhelm	Grafik
Bild 49	Meyerhoff, Wilhelm	Postkarte
Bild 50	Heimatbund Soltau e.V., Soltau im Bild, 1945 - 1965, 2008, Seite 20 unten	Foto
Bild 51	Meyerhoff, Wilhelm	Grafik
Bild 52	Stadtwerke Soltau, Eröffnung der Soltau Therme 1990, Seite 19 oben	Foto
Bild 53	Internet, Bildautor unbekannt	Foto
Bild 54	Schönwald, Hans (Sammlung Wilhelm Meyerhoff)	Aquarell (1937)
Bild 55	Meyerhoff, Wilhelm	Zeichnung aus Sammlung

Bild	Quelle	Bildursprung
Bild 56	buntbahn.de, Forum für maß-stäblichen Selbstbau	Foto
Bild 57	Meyerhoff, Wilhelm	Postkarte
Bild 58	Meyerhoff, Wilhelm	Postkarte
Bild 59	Meyerhoff, Wilhelm	Aufkleber aus Sammlung
Bild 60	Montgomery, Bernhard Law, The Memoirs of Field-Marshal Montgomery, 1958, Bild 27	Foto
Bild 61	Internet, https://web.de/, Bildautor unbekannt	Foto
Bild 62	7th Armoured Division (British Army)	Emblem
Bild 63	Internet, http://www.battletanks.com	Foto
Bild 64	Internet, https://worldoftanks.eu	Foto
Bild 65	Internet, https://worldoftanks.eu	Foto
Bild 66	Meyerhoff, Wilhelm	Foto aus Sammlung
Bild 67	Klapproth, Willy, Kriegschronik 1945, Seite 176 f unten	Foto
Bild 68	Klapproth, Willy, Kriegschronik 1945, Seite 96 f unten	Zeichnung Ernst Röders
Bild 69	Eichmann, Lothar, 125 Jahre Mundschenk und Verlag der Böhme-Zeitung 1864-1989, 1989, Seite 235 oben	Foto (Bildautor Martin Mundschenk)
Bild 70	Klapproth, Willy, Kriegschronik 1945, Seite 96 f oben	Zeichnung Ernst Röders
Bild 71	Eichmann, Lothar, 125 Jahre Mundschenk und Verlag der Böhme-Zeitung 1864-1989, 1989, Seite 231	Foto (Bildautor Martin Mundschenk)
Bild 72	Meyerhoff, Wilhelm	Bild aus Sammlung
Bild 73	Meyerhoff, Wilhelm	Postkarte
Bild 74	Chen, C. Peter, World War II Database, https://ww2db.com	Foto
Bild 75	Internet, http://www.mobhome.de	Foto

Bild	Quelle	Bildursprung
Bild 76	Internet, http://www.mocpages.com	Foto
Bild 77	Bourguignon, Vincent (The War'tist)	Grafik
Bild 78	Internet, http://www.warrelics.euforum	Foto
Bild 79	Montgomery, Bernhard Law, The Memoirs of Field-Marshal Montgomery, 1958, Bild 48	Foto
Bild 80	Meyerhoff, Wilhelm	Foto aus Sammlung
Bild 81	Ardizzone, Edward (Sammlung Imperial War Museums/England)	Aquarell (1945)
Bild 82	Reske, Bernd	Foto aus Sammlung
Bild 83	Reske, Bernd	Foto aus Sammlung
Bild 84	Hagedorn, Andreas	Foto aus Sammlung
Bild 85	Meyerhoff, Wilhelm	Foto
Bild 86	Wundschuh, Horst/Eichmann, Lothar, Soltau im Bild, 1965 bis heute, 2015, Seite 95	Foto
Bild 87	Morawetz, Manfred	Postkarte
Bild 88	Schmedemann, Helmut	Foto
Bild 89	Meyerhoff, Wilhelm	Bild aus Sammlung
Bild 90	Hardt, Thomas	Foto
Bild 91	Meyerhoff, Wilhelm	Postkarte
Bild 92	Meyerhoff, Wilhelm	Postkarte
Bild 93	Wolff, Gerd, Archiv Eisenbahnstiftung	Foto
Bild 94	Wolff, Gerd, Archiv Eisenbahnstiftung	Foto
Bild 95	Kindermann, Harald	Foto
Bild 96	Wolff, Gerd, Archiv Eisenbahnstiftung	Foto
Bild 97	Tröger, Klaus-Dieter	Foto aus Sammlung
Bild 98	Riehemann, Dieter	Foto
Bild 99	Wolff, Gerd, Archiv Eisenbahnstiftung	Foto
Bild 100	Meyerhoff, Wilhelm	Postkarte (Foto Carl Bellingrodt)

Bild	Quelle	Bildursprung
noch Bild 100	Kindermann, Harald	Foto (Inset)
Bild 101	Wolff, Gerd, Archiv Eisenbahn-stiftung	Foto
Bild 102	Wolff, Gerd, Archiv Eisenbahn-stiftung	Foto
Bild 103	Kindermann, Harald	Foto
Bild 104	Wolff, Gerd, Archiv Eisenbahn-stiftung	Foto
Bild 105	Körschenhausen, Erik	Foto
Bild 106	Modellbahnen@Cadosch	Foto
Bild 107	Meyerhoff, Heinrich	Fotos
Bild 108	Meyerhoff, Wilhelm	Foto
Bild 109	Meyerhoff, Wilhelm	Foto
Bild 110	Meyerhoff, Wilhelm	Foto
Bild 111	Meyerhoff, Wilhelm	Foto
Bild 112	Meyerhoff, Wilhelm	Postkarte
Bild 113	Meyerhoff, Wilhelm	Grafik
Bild 114	Kindermann, Harald	Foto
Bild 115	Kindermann, Harald	Foto
Bild 116	Meyerhoff, Wilhelm	Abbildung aus Sammlung
Bild 117	Tröger, Klaus-Dieter	Fahrkarte aus Sammlung
Bild 118	Meyerhoff, Wilhelm	Postkarte (Foto Hermann Ott, Archiv Bellingroth)
Bild 119	Kindermann, Harald	Foto
Bild 120	Kindermann, Harald	Foto
Bild 121	Adreßbuch, Soltau (Han), Stadt und Landkreis, 1965	Anzeige
Bild 122	Todt, Reinhardt	Foto
Bild 123	Todt, Reinhardt	Foto
Bild 124	Riehemann, Dieter	Foto
Bild 125	Schuchardt, Alfred	Foto
Bild 126	Meyerhoff, Wilhelm	Postkarte
Bild 127	Meyerhoff, Wilhelm	Foto
Bild 128	Meyerhoff, Wilhelm	Foto
Bild 129	Meyerhoff, Wilhelm	Foto
Bild 130	Morawetz, Manfred	Foto
Bild 131	Meyerhoff, Wilhelm	Foto aus Sammlung
Bild 132	Mikasch, Horst	Foto aus Sammlung

Bild	Quelle	Bildursprung
Bild 133	Meyerhoff, Wilhelm	Foto aus Sammlung
Bild 134	Meyerhoff, Wilhelm	Foto aus Sammlung
Bild 135	Meyerhoff, Wilhelm	Postkarte
Bild 136	Heidekreis Soltau, Kreisspiegel, 1970, Seite 49	Foto aus Anzeige
Bild 137	Meyerhoff, Wilhelm	Bild aus Sammlung
Bild 138	Reske, Bernd	Foto aus Sammlung
Bild 139	Meyerhoff, Wilhelm	Postkarte
Bild 140	Reske, Bernd	Foto aus Sammlung
Bild 141	Crone, Margarete, Soltau Geschichte im Bild, 1983, Seite 76	Foto
Bild 142	Stadtarchiv Soltau	Foto
Bild 143	Heidekreis Soltau, Kreisspiegel, 1970, Seite 59	Anzeige mit Foto
Bild 144	Kreiskalender für das Jahr 1937, Heimatbuch des Kreises Soltau, Seite 110	Anzeige
Bild 145	Kindermann, Harald	Foto
Bild 146	Meyerhoff, Wilhelm	Postkarte
Bild 147	Meyerhoff, Wilhelm	Postkarte

Stichwortverzeichnis

Häufig auftretende Begriffe und Ortsbezeichnungen werden aus Gründen der Übersichtlichkeit nicht berücksichtigt. Deren Vorkommen im Text erschließt sich aus dem Zusammenhang mit den Überschriften der Beiträge.

B

C

D

E

F

H

I

L

M

Q

R

S

T

U

V

Z

Fraktur

Wie wunnerschön is Soltau

Melodie: Wohlauf, die Luft geht frisch und rein

Ewald Hillermann (* 1906; † 2003)

Wie wunnerschön is doch de Heid
    Wenn man se deit dörchwannern.
De Vagels singt un lacht und sleit
Een lustig gahn ton annern.
De Heidbäk tüht üm Soltau hen
Um't stille Hart der Heide.
Un eensam drömt de Schaper denn
In sälge Ogenweide: walleri wallera, walleri wallera
In sälge Ogenweide.

Keen Larm, leen Strit, leen slechtet Wurt
    Gaht dörch de Neddersassen.
Dat Heidhart leewt in true Art
Lett wiß de Ecken wassen.
De Böhm' wold ruscht sin mächdig Leed
Von Sommerdrom un Leewen.
In sure Arbeit stark un heet
Hett al'ns sick ergeewen.

Von'n Kerktorm lürt een Glockenklang
    „Wie gönnt di Free un Heidráuh".
Hier machst du wän din Leewenlang
Kum rin, kum rin na Soltau
Un siß du wiß und kannst du sing'n
Denn kummt din Tied to warwen
Du bist nich weller rut to bring'n
Uut Soltau, möch's dor starwen.

Ewald Hillermann

Foto: Horst Wundschuh

Haidjers Heimat

Melodie: Friesenlied

Fischer-Friesenhausen[1] (* 1886; † 1960)

1. Wo die Fuhren rauschen auf dem Haidesand, wo der gelbe Ginster
   leuchtet weit ins Land, wo die Eichen trotzen jedem Sturmgebraus, da
   ist meine Heimat, da bin ich zu Haus.

2. Wo die braune Haide blüht zur Sommerzeit, wo Wacholder stehn in ihrem Kleid, wo die Birke stille Haidewege säumt, da hab ich der Jugend
   schönste Zeit verträumt.

3. Wo der alte Schäfer seine Schnucken treibt und dem Lande seiner Väter treu verbleibt, wo der Bauer mühsam seine Scholle bricht, das ist
   meine Heimat, die vergeß ich nicht.

4. Wo am Haidehimmel nachts der Vollmond steht, wo ein blondes Mädchen still das Glück erfleht für den fernen Liebsten, den die Welt nicht
   kennt, dahin will ich wieder, eh der Tod uns trennt.

5. Bin die Welt durchwandert bis ans fernste
   Meer, zog ein Heimatklingen hinterm Wandrer
   her, lockte all mein Sehnen aus dem Herzen
   vor, bis ich meine Freude an der Welt verlor.

6. Heimweh nach dem märchenschönen Haide-
   land, wo die Fuhren rauschen auf dem Haidesand, wo die Eichen trotzen jedem Sturmgebraus, da ist meine Heimat, da bin ich zu Haus.

Bild: Volksliederarchiv

Friedrich Fischer

---

[1] Sein eigentlicher Name: Friedrich Fischer, Kaufmann und Schriftsteller

Auf der Lüneburger Heide

Melodie: Auf der Lüneburger Heide

Hermann Löns (* 1866; † 1914)

1. Auf der Lüneburger Heide, in dem wunderschönen Land, ging ich auf und ging ich nieder, allerlei am Weg ich fand. Valleri, vallera, (juchhe) und juchheirassa und juchheirassa! Bester Schatz, bester Schatz, denn du weißt, du weißt es ja.

2. Brüder, laßt die Gläser klingen, denn der Muskatellerwein wird vom langen Stehen sauer, ausgetrunken muß er sein. Valleri, vallera, (juchhe) und juchheirassa und juchheirassa! Bester Schatz, bester Schatz, denn du weißt, du weißt es ja.

3. Und die Bracken und die bellen, und die Büchse und die knallt, rote Hirsche woll'n wir jagen in dem grünen, grünen Wald. Valleri, vallera, (juchhe) und juchheirassa und juchheirassa! Bester Schatz, bester Schatz, denn du weißt, du weißt es ja.

4. Ei du Hübsche, ei du Feine, ei du Bild wie Milch und Blut, unsre Herzen woll'n wir tauschen, denn du glaubst nicht, wie das tut. Valleri, vallera, (juchhe) und juchheirassa und juchheirassa! Bester Schatz, bester Schatz, denn du weißt, du weißt es ja.

Hermann Löns

Bild: NDR

Auf der Lüneburger Heide

Aus dem Löns-Roman: Das zweite Gesicht

Hermann Löns (* 1866; † 1914)

1. Auf der Lüneburger Heide geht der Wind die kreuz und quer, auf der Lüneburger Heide jag ich hin und jag ich her.

2. An die hundert grüne Jünger werden nicht des Lebens froh, denn Passup so heißt mein Leithund und mein Schweißhund heißt Wahrtoo.

3. Wenn die lauten Hunde jagen, fährt der Fuchs zum Baue ein und in jedem dritten Dorfe ist ein wacker Mädchen mein.

4. Heute die und morgen jene, heut' ein Rehbock, dann ein Hirsch, Rosen blühn in jedem Garten, überall ist frei die Pirsch.

Eine Liebesgeschichte

Sinnspruch

… hing in der Küche der Mutter des Verfassers

Es gibt ein schönes Wort auf Erden,
    Du mußt bedeutend ruhiger werden!

Wie wahr.